오늘 말씀이
내게 임하다

설레임
說 來 臨

글 이상갑

"청년들아, 말씀이 임해야 한다
그래야 인생에 꽃이 핀단다"

생명의말씀사

**설래임** 오늘 말씀이 내게 임하다

© 생명의말씀사 2015

2015년 11월 20일  1판 1쇄 발행
2025년 2월 6일        9쇄 발행

펴낸이 | 김창영
펴낸곳 | 생명의말씀사

등록 | 1962. 1. 10. No. 300-1962-1
주소 | 서울시 종로구 경희궁1길 6 (03176)
전화 | 02)738-6555(본사) · 02)3159-7979(영업)
팩스 | 02)739-3824(본사) · 080-022-8585(영업)

지은이 | 이상갑

기획편집 | 서정희, 김세나
디자인 | 박소정, 최윤창
인쇄 | 영진문원
제본 | 보경문화사

ISBN 978-89-04-16532-2 (03230)

저작권자의 허락없이 이 책의 일부 또는 전체를
무단 복제, 전재, 발췌하면 저작권법에 의해 처벌을 받습니다.

오늘 말씀이
내게 임하다

# 설레임
說 來臨

설
래
임 ㅡ

CONTENTS

추천사 | 6
프롤로그 말씀이 와서 임하니 내 인생에 꽃이 피었습니다 | 12

**PART 1**
**당신은
복 있는
사람입니다**

당신은 복 있는 사람입니다 | 18
하나님의 타이밍이 있습니다 | 24
스피릿이 스펙을 이긴다 | 30
스토리가 스펙을 이긴다 | 38
믿음의 수준이 인생의 차이를 만든다 | 48
청년아, 흉년의 때에 우물을 파라 | 54
당신은 누군가에게 참 좋은 선물입니다 | 58
신앙이란 고난과 고통의 부재가 결코 아닙니다 | 64
약함도 충분히 아름답습니다 | 70
결핍에 집중하지 말고 예수님께 집중하라 | 76

**PART 2**
**결혼해도
괜찮다,
괜찮아**

이성 교제와 결혼을 정말 원하십니까? | 84
하나님께서 예비하신 사람이 정말 있을까요? | 90
때를 놓치지 말고, 때를 기다리고, 때를 정하라 | 96
결혼해도 괜찮다, 괜찮아 | 102
결혼은 이벤트가 아니라 삶입니다 | 106
딸아, 이런 형제를 만나거든 바로 그 사람이라고 생각해도 좋다 | 110
아들아, 이런 자매를 만나거든 네 모든 것을 아낌없이 주거라 | 116
진상이 되지 말고 진실한 이성 교제를 하라 | 122
교회에 성(城)을 쌓지 않고 성(聖)스러운 성(性)을 말하다 | 126

**PART 3**

**비전,
찾고
구하고
두드리고
도전하라**

교회 사역자가 아니라 일터 사명자가 되라 · 132
비전, 찾고 구하고 두드리고 도전하라 · 138
사울의 갑옷을 벗어 던져라 · 142
나는 고지론을 믿지 않는다 · 146
좋은 나무가 된다는 것 · 152
비범함이 아닌 평범함에 충실하라 · 160
꿈과 현실 사이에서 다리 놓기를 하십시오 · 166
우부 꿈까니! 하나님 나라를 위하여 · 172

**PART 4**

**은혜 받았으면
세상 속으로
파고 들어가라**

예배에 목숨을 걸라 · 178
하나님은 당신의 기도를 기억하신다 · 184
"그냥 믿어, 닥치고 믿어, 무조건 믿어." 이건 아닙니다 · 190
내가 교회인 줄 몰랐습니다 · 194
은혜 받았으면 세상 속으로 파고 들어가라 · 200
말씀을 성전 안에 가두지 말아야 합니다 · 204
네게 있는 것을 나누라 · 208
죽었니? 살았니? · 212
부자가 아닌 부요한 자로 살라 · 218
하나님이 원하시는 것은 성공이 아니라 믿음이다 · 224
당신은 직장 속에서 누구입니까? · 230

**에필로그**   이 시대 모든 청년들에게 "너는 결코 루저가 아니란다" · 236

 추천사

오늘날 청년목회의 한계와 어려움에도 불구하고 이상갑 목사의 지도로 무학교회 청년부는 계속해서 건강하고 아름답게 성장했습니다. 이상갑 목사는 한국교회의 청년사역자들을 지도하며 비전을 제시하여 깊은 감동과 영향을 끼쳤습니다. 그는 사랑과 열정으로 사역하며 어려운 환경에서 방황하는 청년들을 영적으로 이끌어서 깊은 신뢰를 받는 사역자입니다. 또한 청년들을 말씀으로 양육하며 그리스도의 제자로 세우는 한국교회의 존경받는 청년 지도자로서 영성의 깊이와 인격의 성숙함을 지니고 있는 보기 드문 목회자입니다. 그러하기에 그가 깊은 성경묵상을 통해 쏟아낸 〈설래임〉은 청년들과 청년사역자들에게 최고의 선물이 될 것입니다. 이 책을 통해서 청년들이 고민하는 문제 가운데 오늘 말씀이 임하는 특별한 경험을 하게 되기를 바라며, 설레는 마음으로 이 책을 추천합니다.

_김창근 목사 (무학교회 담임목사)

청년들을 돕는 일이라면 누구나 나서야 합니다. 현재의 청년은 미래의 지도자이기 때문입니다. 누군가가 청년들을 위해 10여 년 헌신하고 있다면 그분은 100년을 위해 나무를 심고 있는 대단한 분입니다. 보통 사람은 그토록 오랫동안 이런 일을 하기가 힘듭니다. 그러나 이상갑 목사는 청년들의 멘토로서 오늘도 그들의 손을 잡아주고 있습니다. 〈설래임〉은 저자인 이상갑 목사와 또 그와 함께 한 수많은 젊은이들의 고뇌와 눈물과 환희가 쓴 글들입니다. 모든 것이 바닥부터 흔들리고 있는 오늘과 같은 시대에 기독교가 젊은이들에게 주는 가장 확실한 대답들을 청년들보다 더 깊이 청년들을 이해하고 있는 저자가 주고 있습니다. 혼돈의 시대에 갈 길을 찾고 있는 젊은이라면, 젊은이를 한 명이라도 돕고 싶은 분이라면 이 책의 일독을 꼭 권하고 싶습니다.

_김상복 교수 (횃불 트리니티신학대학원대학교 1대, 4대 총장, 할렐루야교회 원로목사)

이상갑 목사는 무학교회에서 청년목회를 오래하신 분으로 청년과 함께 고락을 같이했습니다. 그는 목회 현장에서의 느낌을 '설래임'이란 말로 표현합니다. "설래임(說來臨)은 행복입니다. 말씀설(說), 올래(來), 임할임(臨). 이 설래임은 행복으로의 초대입니다"라고 말합니다. 그리고 하나님의 말씀으로 오늘의 삶의 문제들을 극복해 보라고 말합니다. 세상은 우리를 무너뜨릴 듯 덮쳐 오지만 주님의 말씀 안에 위로와 피할 길이 있음을 이 책을 통해 강조하고 있습니다. 장로회신학대학교 대학원 시절, 목회에 대해 함께 고민하며 새로운 목회를 위해 몸부림하였던 이상갑 목사의 노력들이 말씀과 함께 만개하기를 소망해 봅니다. 또한 청년들의 삶이 말씀으로 열리기를 소망해 봅니다.

_노영상 교수 (전 장로회신학대학교 신학대학원장, 호남신학대학교 총장)

오랜 기간 청년들 앞에서 말씀을 전하면서 만난 아름다운 청년사역자가 있었습니다. 저자인 이상갑 목사입니다. 청년들을 향한 그의 열정과 비전은 눈빛만 보아도 알 수 있을 것 같았습니다. 그가 오랜 시간 청년들을 주님의 제자로 세워가면서 경험했던 문제들을 책에 담아내었습니다. 언제부터인가 교회 공동체에 실망하고 떠나가는 청년들이 눈에 띄게 증가했습니다. 그들의 고민을 성경에 비추어 고민하고 묵상하면서 얻은 답과 지혜를 이 책에 담아내었습니다. 이 책은 단지 성경만 묵상하다가 얻은 것들이 아니라 저자 자신이 숱한 현실의 장애물에 부딪혀 절망하고 낙심하였을 때, 새벽마다 침묵기도와 말씀묵상을 통하여 하나님께서 답하도록 씨름하면서 얻은 것들이기에 너무나 소중합니다. 저자는 말합니다. "저는 스펙이 좋은 청년보다는 스피릿이 좋은 청년을 자랑스럽게 생각합니다. 스펙은 부모님에 의해서 만들어지는 요소가 많이 있지만 스피릿은 오직 하나님 앞에서 만들어지는 것이기 때문입니다."

_유기성 목사 (선한목자교회 담임목사)

저자인 이상갑 목사는 특별히 청년들을 위해 마음을 쏟은 사역자입니다. 이 책을 통해 하나님은 청년들에게 말씀으로 임하시고, 그 임재를 통해 변화와 회복이 있음을 확인하게 됩니다. 자신을 나타내시는 하나님을 묘사하는 성경적 표현이 많이 있지만, 그중에 '임하다, 임재하다'라는 표현은 핵심적이면서도 중요한 의미를 가지는 단어라고 생각합니다. 성경의 많은 인물들에게 자신을 나타내시는 방법이 바로 말씀으로의 임재였기 때문입니다. 특히 누가는 요엘서 2장 28절을 인용하며 사도행전 2장 17절을 기록합니다. "하나님이 말씀하시기를 말세에 내가 내 영을 모든 육체에 부어 주리니 너희의 자녀들은 예언할 것이요 너희의 젊은이들은 환상을 보고 너희의 늙은이들은 꿈을 꾸리라" 이 시대 청년들의 아픔을 알기에 더욱 이 구절을 주목하게 됩니다. 〈설래임〉을 통해서 들려지는 하나님의 말씀으로 이 시대 청년들이 힘을 얻고 환상을 보는 놀라운 일들이 더 풍성해지길 기대합니다.

_이찬수 목사 (분당우리교회 담임목사)

설래임(說來臨), 말씀이 와서 임하는 경험은 설렘입니다. 그래서 제목부터 설레는 마음을 갖게 합니다. 우리는 한 가지 분명히 아는 것이 있습니다. 그것은 청년이 살아야 교회가 살고 청년이 살아야 나라가 산다는 것입니다. 이 책은 청년사역자와 청년을 살게 하는 메시지가 도처에 녹아 있습니다. 〈설래임〉은 저자인 이상갑 목사가 예리한 영성으로 오랜 시간을 하나님 앞에 머무는 씨름을 통해 나왔습니다. 이 책에는 청년과 교회와 이 시대를 향한 외침이 녹아 있습니다. 많은 사역자와 청년들이 이 책을 통하여 큰 유익을 얻게 될 것이라 확신합니다.

_정흥호 교수 (아세아연합신학대학교 대학원장)

〈설래임〉은 광야같은 제 인생에 구름 기둥과 같습니다. 그 내용이 깊고 진중해서 조용한 곳에서 정신을 집중해서 읽어야만 소화할 수 있기 때문에 제 시간과 장소를 떼어 주님께 드리는 소중한 경험을 갖게 되었습니다. 〈설래임〉을 통해 많은 역사하심이 있었습니다. 매번 고군분투하여 깊고 뜨거운 묵상을 전해 주시는 이상갑 목사님께 감사합니다.
_장은혜 (23세, 사랑의교회)

"기독교인은 상식을 존중합니다" 그런데 청년들이 상식이 무엇인지 배우고 보고 듣기가 어려워졌습니다. 무엇이 상식인지 분별하기 혼란스러워질 바에야 귀를 닫는 편을 선택하고 있습니다. 그런 청년들에게 〈설래임〉은 말씀에 근거한 상식을 알려 주었습니다.
_곽동선 (31세, 예수비전교회)

연초부터 페이스북에 올라오는 설래임 시리즈를 통해서 많은 은혜를 받았고, 기독 청년으로서 어떠한 삶을 살아가야 할지 고민하고 그 삶을 살아 내기위해 몸부림치는 데 영적인 귀감이 되었습니다. 이 책을 통해서 제 주변에 있는 청년들과 함께 영적인 메시지를 나누고 이 시대를 그리스도인답게 살아가고 싶습니다.
_김승현 (30세, 해오름교회)

〈설래임〉은 혼란스러운 이 세대 가운데 기독 청년들에게 도전이 되는 나눔입니다. 저에게 특별히 계속 와 닿았던 나눔은 "좋은 악기일수록 민감하기에 조율이 많이 필요하다"라는 말이었습니다. 만남과 결혼, 기독 청년으로서의 사회에서의 삶, 모든 관계 가운데 그리스도인이라는 악기로 이 세상에서 내가 어떻게 조율하며 아름다운 소리를 낼 것인가를 늘 고민하며 살게 되었습니다. 〈설래임〉은 청년들이 아름답게 소리를 낼 수 있도록 조율자가 되어 줄 것입니다.

_이미선 (31세, 안양제일교회)

여러 시리즈를 읽으면서 그동안 제가 혼자 고민해 보고 궁금했었던 것들을 성경적으로 이해할 수 있게 되었습니다. 특히 청년들이 세상을 살아갈 때에 교회 안에서의 거룩함과 구별됨을 일터와 내가 만나는 모든 사람들에게까지 연결해야 한다는 점은 계속해서 제가 사람 앞이 아닌 주님 앞에서 살아가도록 일깨워 주었습니다. 현실과 상황을 보기에 앞서 이 세상 모든 것보다 크신 하나님의 존재를 항상 느끼고 그분의 이름을 부를 수 있다는 것만으로도 너무나 감사할 따름입니다.

_임유진 (28세, 열린문교회)

제가 페이스북을 통해 〈설래임〉을 계속 읽었던 가장 큰 이유는 〈설래임〉의 말씀으로 인해 제가 성경을 더 자주 펼쳐 보게 되었기 때문입니다. 보이지 않는 동역자의 역할을 해 준 것 같습니다. 성경이 답이라고, 성경을 삶으로 살아내려는 그 씨름만이 답이 될 것이라고 끊임없이 제 옆에서 외치는 듯 했습니다. 말씀이 내 삶 속에 깊이 뿌리내리게 되어 어떠한 풍파에도 흔들리지 않는, 아니 잠시 흔들릴지라도 다시 또 일어나 걷고 내 옆에 있는 사람들까지도 함께 일으키고 살리는 그런 아름다운 삶이 저의 삶이 되었으면 좋겠습니다. 아울러 말씀이 이 시대를 힘겹게 버텨 나가는 청년들의 유일한 소망이 되고 삶이 되면 좋겠습니다.

_장여진 (30세, 명성교회)

프롤로그

말씀이 와서 임하니
내 인생에
꽃이 피었습니다

설래임(說來臨)은 행복입니다. 말씀설(說), 올래(來), 임할임(臨). 이 설래임은 행복으로의 초대입니다. 하나님의 말씀이 우리가 고민하는 문제에 대한 응답으로 와서 임하는 경험은 그리스도인들만이 누리는 특별한 행복입니다.

언제부터인가 교회 공동체에 실망하고 떠나가는 청년과 성도들이 눈에 띄게 증가했습니다. 그래서 그들의 고민을 가지고 성경에 비추어 고민하고 묵상하면서 하나님께서 뭐라고 말씀하시는지에 대해 관심을 기울였습니다. 제자훈련과 성경공부를 하면서 청년들과 이 시대를 살아가는 성도들의 고민을 들으면서, 또 여러 질문을 받고, 상담을 하면서 하나님의 말씀이 답하도록 씨름하는 시간을 가졌습니다. 설래임(說來臨)은 그 과정을 통해 잉태되고 태어난 책입니다.

저는 대학교 2학년 때 26살이었습니다. 미래에 대한 불안과 두려움이 많았습니다. 내 인생은 어떻게 될 것인가라는 염려가 계속해서 저를 괴롭혔습니다. 38살이 될 때까지 결혼을 못하고 오랜 시간을 연애와 결혼 문제와 씨름했습니다. 숱한 현실의 장애물들로 인해 절망하고 낙심했을 때 하나님의 처방전은 기도와 묵상이었습니다. 그때부터 예외적인 경우를 제외하고 새벽마다 새벽기도회가 끝나면 침묵 기도와 말씀 묵상을 통해 하나님과 친밀한 교제의 시간을 가져왔습니다. 그 시간들을 통해서 하나님의 인도하심을 받았고 삶이 빚어졌습니다.

20년의 시간이 흐르면서 이제는 저의 문제가 아니라 청년들과 성도들의 문제를 가지고 하나님 앞에 나아가 묻게 되었습니다. 그들의 고민과 고통에 대해서 하나님으로부터 주어지는 말씀을 듣고자 씨름하였습니다. 그때마다 하나님은 말씀으로 제게 임하시고, 깨닫게 하시고, 돕게 하시고, 삶의 문제들을 새롭게 하셨습니다. 그래서 저는 확신합니다. 말씀에는 답이 있습니다. 말씀에는 길이 있습니다. 말씀에는 미래가 있습니다. 설래임(說來臨)이 있는 개인의 미래는 희망이 있습니다. 설래임(說來臨)이 있는 가정은 행복합니다. 설래임(說來臨)이 있는 공동체는 어떤 상황도 두려워하지 않습니다. 설래임(說來臨)이 있는 민족은 사랑과 공의의 두 날개로 비상하게 됩니다.

저는 청년에게 푹 빠진 사람입니다. 제가 청년 시절 메마른 뼈처럼 절망의 골짜기를 방황할 때에 말씀이 와서 임하는 경험들을 하면서 소생케 되고 하나님의 손에 의해 빚어진 인생이기에, 청년들에게 설래임(說來臨)의 경험들을 강력하게 추천하고 싶습니다. 말씀을 읽고, 말씀을 묵상하고, 말씀을 삶으로 연결하고 적용하면서 설래임(說來臨)은 그야말로 설렘을 가져왔습니다. 설래임(說來臨)과 함께 가슴 뛰는 삶이 시작 되었습니다. 설래임(說來臨)과 함께 미래를 꿈꾸고 하나님 한 분만 의지하고 숱한 장애물을 뛰어 넘기 시작했습니다. 설래임(說來臨)은 상황을 바라보는 것이 아니라 하나님의 약속을 바라보며 미래를 열어가는 힘이었습니다.

말씀이 와서 임하니 제 인생에 꽃이 피었습니다.

여전히 저의 나침반은 하나님의 말씀입니다. 말씀은 제 삶의 기준이고 원칙입니다. 말씀은 모든 문제의 결론입니다. 그래서 말씀을 삶으로 소화시키고 말씀이 결론이 되게 하기를 꿈꾸며 날마다 말씀 앞에 머무는 것이 저의 행복입니다.

저는 세상에서 출세한 이들보다는 출애굽의 영성을 소유한 이들을 자랑스러워하는 목사입니다. 세상이 인정해 주고 목말라 하는 성공을 하지 못해도 성경대로 살려고 치열하게 고민한 고뇌의 흔적을 가진 이들이 참 좋습니다. 성공은 극소수만 도달하는 열매이고 승자독식의 구조지만 성경은 누구나 말씀대로 살려고 삶의 자리에서 치열하게 씨름하는 모든 이에게 맺히는 열매입니다. 또 누구나 초대받고 그 길을 함께 갈 수 있습니다.

또한 저는 스펙이 좋은 청년보다는 스피릿이 좋은 청년을 자랑스럽게 생각합니다. 스펙은 부모님에 의해서 만들어지는 요소가 많지만 스피릿은 오직 하나님 앞에서 만들어지는 것이기 때문입니다.

이 책이 직장과 진로와 소명의 문제와 씨름하면서 출세가 아닌 출애굽을 향해 나아가는 이들에게 도움이 되었으면 합니다. 이 글이 세상이 원하는 성공보다는, 하나님이 기뻐하시는 성경의 진리를 삶으로 소화시키고자 부단히 고민하고 고뇌하며 씨름하는 이들에게 격려가 되었으면 합니다. 이 작은 제게 주셨던 하나님의 세미한 음성들이 교회의 모순에 실망하고 상처받은 이들을 어루만져 주었으면 합니다. 그리고 이 책은 지금 여기까지 하나님의 말씀으로 저를 가르쳐 주신 교수님들과 목사님들의 사랑에 대한 작지만 소중한 열매라고 생각합니다.

설래임(說來臨)은 멈춤이 없습니다. 저는 계속해서 하나님의 말씀 앞에 이 시대를 살아가는 청년들과 성도들의 문제를 가지고 머물 것입니다. 그리고 하나님의 말씀으로 끊임없이 청년들과 청년정신을 가지고 살아가고자 하는 성도들을 응원할 것입니다.

2015년 11월
설래임(說來臨)으로 인해 설렘을 가진 자
이상갑 드림

## PART 1
# 당신은
# 복 있는
# 사람입니다

당신은 복 있는 사람입니다
하나님의 타이밍이 있습니다
스피릿이 스펙을 이긴다
스토리가 스펙을 이긴다
믿음의 수준이 인생의 차이를 만든다
청년아, 흉년의 때에 우물을 파라
당신은 누군가에게 참 좋은 선물입니다
신앙이란 고난과 고통의 부재가 결코 아닙니다
약함도 충분히 아름답습니다
결핍에 집중하지 말고 예수님께 집중하라

# 당신은
# 복 있는
# 사람입니다

사람들은 복을 참 좋아합니다.
그런데 복이 뭘까요?
부, 명예, 권력을 많이 가지는 것일까요?
성경을 자세히 묵상하면
복이란 하나님이 함께하시는 것임을 깨닫게 됩니다.
그리스도인에게 복이란
복의 근원이신 하나님이 함께하심으로
축복의 통로가 되는 것입니다.
복 있는 사람이 되고 싶은 이들을 위한
구체적인 방법을 나눕니다.

✚ 우리는 복 있는 사람이 되고 싶어 합니다. 그런데 그 방법을 막연하게 생각합니다. 어떤 이는 우리의 소유를 나누는 것이 복 있는 사람이 되는 방법이라고 생각합니다. 남들이 누리지 못하는 특권을 누리며 사는 것을 복 있는 사람이 사는 법이라고 생각하기도 합니다.

✚ 그런데 복 있는 사람이 되는 것은 세상적인 방법과는 다른 과정을 거칩니다. 그리스도인들이 복 있는 사람으로 빚어지는 것은 하나님의 말씀 앞에 순종을 지속, 반복적으로 할 때 이루어집니다. 그래서 시편 1편 1-3절은 이렇게 말합니다.

> "복 있는 사람은 악인들의 꾀를 따르지 아니하며 죄인들의 길에 서지 아니하며 오만한 자들의 자리에 앉지 아니하고 오직 여호와의 율법을 즐거워하여 그의 율법을 주야로 묵상하는도다 그는 시냇가에 심은 나무가 철을 따라 열매를 맺으며 그 잎사귀가 마르지 아니함 같으니 그가 하는 모든 일이 다 형통하리로다"(시 1:1-3절).

✚ 그러므로 복 있는 사람이 되고자 한다면 우리는 어떤 상황 속에서도 나를 사랑하시는 하나님을 믿고 말씀을 따라 순종하며 살아가야 합니다. 하나님께서 여러 과정을 통해 우리를 빚으시고 다듬어 만들어 가시는 것이

복의 과정이기 때문입니다. 그런 까닭에 어떤 상황에 처하더라도 나를 빚어 가시는 하나님의 손길이 있다는 것을 기억해야 합니다.

✚ 창세기 12장 4절에는 이런 구절이 나옵니다.

> "이에 아브람이 여호와의 말씀을 따라갔고 롯도 그와 함께 갔으며 아브람이 하란을 떠날 때에 칠십오 세였더라"(창 12:4).

아브라함은 갈 바를 알지 못하였으나 하나님을 신뢰하는 믿음으로 말씀을 의지하여 순종의 걸음을 옮깁니다.

✚ 아브라함이 불안과 두려움을 넘어서서 순종의 걸음을 옮길 때에 결정적으로 나침반의 역할을 한 것이 있습니다. 그것이 무엇입니까? "아브람이 여호와의 말씀을 따라갔고…" 바로 여호와의 말씀입니다.

✚ 하나님의 말씀은 우리를 빚어가는 핵심 재료입니다. 그래서 믿음은 내용도 본질도 하나님의 말씀에 기초합니다. 잘 생각해 보십시오. 신자의 정체성을 만드는 요소인 성경은 무엇이 가장 큰 관심거리입니까?

✚ 성경은 내가 원하는 것을 어떻게 얻을 것이냐에 관한 이야기가 아닙니다. 성경은 모두 다 하나님에 관한 것입니다.

✚ '하나님은 어떤 분이신가', '하나님은 어떻게 일하시는가', '하나님은 무

엇을 좋아하시는가', '하나님은 우리가 어떻게 살기를 원하시는가', '하나님께서 타락하고 죄인된 우리를 위해서 행하신 일은 무엇인가' 이 모든 것을 알 수 있는 나침반이 바로 성경입니다.

✚ 그러므로 여러분도 선택과 결정의 순간마다 아브라함처럼 "여호와의 말씀을 따라갔고"라고 할 수 있어야 합니다.

✚ 하나님 중심적인 선택과 결정을 한다면 하나님께서는 분명하게 말씀하십니다.

> "… 너는 두려워하지 말라 내가 너를 구속하였고 내가 너를 지명하여 불렀나니 너는 내 것이라"(사 43:1).

여러분은 하나님께 소중한 존재입니다. 하나님이 지시하셨다면 하나님의 말씀을 믿고 두려워하지 마십시오.

> "다만 여호와를 거역하지는 말라 또 그 땅 백성을 두려워하지 말라 그들은 우리의 먹이라 그들의 보호자는 그들에게서 떠났고 여호와는 우리와 함께 하시느니라 그들을 두려워하지 말라"(민 14:9).

✚ 하나님께서는 부르셨다면 친히 약속의 땅으로 인도하시는 분입니다. 어떤 경우라도 하나님의 말씀을 믿으십시오.

"두려워하지 말라 내가 너와 함께 함이라 놀라지 말라 나는 네 하나님이 됨이라 내가 너를 굳세게 하리라 참으로 너를 도와주리라 참으로 나의 의로운 오른손으로 너를 붙들리라"(사 41:10).

✚ 어떠한 고난과 고통에도 하나님께서는 여러분과 함께 하십니다.

✚ 말씀이 삶에 깊이 뿌리내린 그리스도인은 세상의 풍조에 흔들리지 않습니다. 세상의 기근, 흉년에도 요동하지 않습니다. 삶의 중심부 깊은 곳에 말씀을 통해서 생수의 강이 흘러가고 있기 때문입니다.

✚ 다시 정리해 보십시오. 성경적인 의미에서 복이란 무엇입니까? 세상에서 성공하여 부, 명예, 권력을 소유하고 누리는 것이 아니라 우리의 존재 자체가 복이 되는 것이 진짜 복입니다.

✚ 복(blessing)의 어원적 의미에는 '피를 흘리다(bleed)'라는 의미가 있습니다. 하나님의 백성들이라면 세상 속에서 누군가를 섬기고 돌보고 희생하고 헌신하는 것을 통해서 다른 사람이 살아나고 세워지고 변화가 되는 그것이 복이라는 것입니다.

✚ 진짜 복은 절대자이신 하나님이 빚어 가시는 은혜의 손길이 나를 통해 나타나는 것이 진짜 복입니다. 그런 까닭에 하나님의 사람은 예수 그리스도의 피 흘리심을 본받아 누군가를 위하여 자신을 내어줄 때 성장하고 성숙해 갑니다.

✢ 복 있는 사람은 시냇가에 심은 나무 같은 사람입니다. 남들의 인정을 결코 바라지 않습니다. 누군가 알아주지 않아도 하나님께 깊이 뿌리를 내리고 살아가기에 하나님 한분만으로 충분합니다. 그래서 건강하고 아름답습니다.

✢ 다른 사람과 비교할 필요가 없습니다. 우리는 모두 창조적 인생입니다. 비교할 필요가 없습니다. 나에게 주신 은사를 따라 살아가면 됩니다. 기억하십시오. 당신은 축복의 사람입니다. 당신은 복 있는 사람입니다.

# 하나님의
# 타이밍이
# 있습니다

살아가다 보면 미래에 대한 두려움과 불안으로
잠 못 이루는 밤이 찾아오곤 합니다.
하나님이 계신 것을 믿지만
불의한 시대를 보면서
하나님이 과연 계시는가 하는 회의에 빠지곤 합니다.
때때로 하나님의 부재가 느껴지는 것을
어떻게 이해해야 할까요?

✚ 우리는 작은 일에도 내 생각, 내 뜻, 내 계획이 앞서곤 합니다. 그런데 시간이 흐르면서 내 맘대로 안 되는 것이 많아지는 것을 경험합니다. 그렇다고 좌절하거나 낙심할 이유는 없습니다. 우리는 하나님의 백성이고 하나님께서 우리 인생을 빚어 가시기 때문입니다. 하나님이 행하시는 일에는 하나님의 타이밍이 있습니다.

✚ 모세가 태어날 무렵, 애굽은 제국주의를 적극적으로 표방합니다. 제국의 위험성은 강한 자는 더 강하려고 힘으로 다스리고 그 결과 약자는 점점 위축된다는 것입니다. 제국은 약육강식의 논리가 자리합니다.

✚ 그래서 그들은 요셉을 알지 못하는 세대가 새롭게 등장하자 히브리인을 노예로 만들어서 히브리인들의 노동력을 착취합니다. 그리고 영아를 살해하는 악행을 저지릅니다. 민족탄압정책에서 더 나아가 민족말살정책을 펼치는 것입니다.

✚ 과거 일제 식민지 시대의 역사적 사실을 떠올리면 애굽의 악행을 짐작할 수 있습니다. 이러한 고통 속에서 많은 사람들은 하나님이 없다고 생각합니다. "네 하나님이 어디 있느냐?"라고 반문합니다.

✚ 이러한 온갖 고통과 죄악이 난무하는 가운데서 산다는 것은 고통스러운 일입니다. 자식을 낳자마자 그 자녀가 죽임을 당하는 악한 세상이었습니다. 그럼에도 불구하고 하나님은 여전히 일하셨습니다.

✚ 하나님께서는 그 시대 속에서 태어난 모세의 부모에게 모세를 석 달간 숨기도록 감동을 주십니다. 그러나 한계가 옵니다. 제국의 시스템을 이기기엔 역부족이었습니다. 결국 3개월이 된 모세를 갈대 상자에 담아 나일강에 띄웁니다. 이것은 하나님의 절묘한 타이밍입니다.

✚ 그 시간은 마침 바로의 딸이 강가에 나온 시간이었습니다. 갈대 상자는 바로의 딸인 공주에게 곧 발견됩니다. 이후에 공주가 모세를 양자 삼게 되면서 모세는 40년 동안 왕궁에서 최고의 교육을 받습니다.

✚ 여기에는 비하인드 스토리가 존재합니다. 하나님의 도우심으로 모세의 어머니는 기적같이 모세의 유모로 고용됩니다. 그리고 모세는 친 어머니의 보살핌 아래 자라게 됩니다. 그래서 모세는 하나님을 알았고 늘 고난 받는 동족을 향한 마음이 있었습니다. 그러나 모세가 가진 민족을 향한 열정은 애굽 사람을 살인하는 사건으로 이어집니다. 그 결과, 모세는 도망자 인생을 시작합니다.

✚ 그런데 절묘하게도 이스라엘 백성들의 고통 소리와 모세가 타국에서 객이 되어 양을 치는 시기가 겹칩니다.

"여러 해 후에 애굽 왕은 죽었고 이스라엘 자손은 고된 노동으로 말미암아 탄식하며 부르짖으니 그 고된 노동으로 말미암아 부르짖는 소리가 하나님께 상달된지라 하나님이 그들의 고통 소리를 들으시고 하나님이 아브라함과 이삭과 야곱에게 세운 그의 언약을 기억하사 하나님이 이스라엘 자손을 돌보셨고 하나님이 그들을 기억하셨더라"(출 2:23-25).

✚ 부르짖는 소리가 하나님께 상달되었다고 합니다. 하나님이 이스라엘 백성들의 고통 소리를 들었다고 합니다. 그리고 하나님이 아브라함, 이삭, 야곱에게 세운 언약을 기억하셨다고 성경은 표현합니다.

✚ 그렇습니다. 하나님은 자기 백성들의 신음 소리를 듣고 계십니다. 그리고 하나님의 때에, 하나님의 방법으로, 하나님의 사람들을 통해서 일하십니다. 절대 놓치지 마십시오. 하나님의 타이밍이 있습니다.

✚ 하나님께서 축복의 통로로 세워 주신 교회도 그 시대의 백성들의 신음 소리를 들어야 합니다. 하나님의 대안은 하나님의 참된 교회이기 때문입니다. 우리 시대 너무나 많은 고통의 소리가 들려옵니다. 가슴 아픈 소리를 잘 듣고 소화시키는 데서 소명이 발견됩니다.

✚ 참된 성도는 문제 앞에서 부르짖어야 합니다. 하나님이 우리의 고통 소리를 들으시기 때문입니다. 하나님께서 언약을 기억하시기 때문입니다.

✚ 우리는 하나님께서 우리를 기억하시도록 기도하는 것이 우리가 할 일임

을 알아야 합니다. 물론 역사하시는 분은 하나님입니다. 우리는 단지 부르짖음으로 하나님의 타이밍을 정확하게 분별하고 반응한다면 우리의 삶에도 하나님께서 일하실 것입니다.

✚ 광야에서 머물고 있습니까? 바로 그때가 기도할 때입니다. 고난의 때에, 고통의 시간에, 광야를 지날 때에 기도하십시오. 아름다운 그릇이 만들어지는 것은 한 순간에 쉽게 이루어지지 않습니다. 흙을 다듬고 깎는 토기장이의 손을 거쳐야 합니다. 주님과 함께 하는 고요한 시간에 주님의 음성을 경청하십시오.

✚ 하나님의 음성을 경청하고 묵상과 기도 가운데 하나님 앞에 머무는 그 때에 하나님의 설복이 여러분의 삶에 나타날 것입니다. 하나님과 인격적인 교제 가운데 하나님의 타이밍을 발견하고 반응하시기 바랍니다.

✚ 모세가 지낸 40년의 광야 시간은 허송세월이 아니었습니다. 오히려 하나님께서 모세에게 신을 벗는 연습을 시키시는 하나님의 빚어 가심의 시간이었습니다.

✚ 하나님은 우리를 부르시기만 하고 그냥 끝내시지 않습니다. 부르신 이들을 붙잡아 주십니다. 여기에서 놓치지 말아야 할 것은 하나님의 설복입니다. 하나님의 계획을 강압에 의해서가 아니라 설득해 가신다는 점입니다.

✚ 하나님이 모세에게 하셨듯 모세는 일생동안 여러 사람을 설득하면서 공

유하고 공감하는 지도자의 길을 걷게 됩니다. 그는 장인 이드로, 아내, 아론, 장로들, 이스라엘 백성들, 바로까지도 설득해야 했습니다. 모세의 사역은 평생 사람을 설득하고 가르쳐 지키게 하는 일이었습니다.

✚ 하나님은 준비된 사람을 반드시 쓰십니다. 우리 모두가 잘 준비되어서 하나님께 쓰임을 받는 인생이 되기를 바랍니다.

# 스피릿이 스펙을 이긴다

상담을 하다 보면 의외로 많은 청년이
"나는 아무리 해도 안 된다"라는 실패 의식 속에
머물고 있는 것을 봅니다.
스펙을 생각하며 자신의 신세를 한탄합니다.
그런데 스펙이라는 것은
세상이 규정한 감옥임을 알아야 합니다.
스펙이라는 감옥 속에서 과감하게
틀을 깨는 청년들이 필요합니다.
바닥을 살아도 하늘을 보아야 하늘이 있음을 알고
작은 희망의 싹이라도 틔워야 미래가 열릴 것입니다.
스펙과 스피릿의 문제를 청년들과 함께 고민해 보고자 합니다.

✚ 우리는 스펙이나 배경이 좋은 누군가를 부러워합니다. 신의 아들은 빽으로 군 면제를 받고 장군의 아들은 빽으로 좋은 보직에 배치를 받고 어둠의 자식들은 뺑뺑이를 돌면서 몸으로 때운다고 하는 농담이 있습니다. 그런데 이것은 농담이 아닌 진담이고 헛소리가 아닌 엄연한 현실에서 벌어지고 있는 사실(fact)입니다. 이런 부조리한 세상에 우리는 환멸을 느끼고 실망하며 낙심합니다.

✚ 그런데 기독 청년이 기억해야 할 것이 있습니다. 단기간일수록 스펙 좋은 것이 이기는 것처럼 보입니다. 그러나 멀리 보면 전혀 다릅니다. 스펙보다는 스피릿이 미래를 결정하는 중요한 열쇠입니다. 여기서 깊이 생각해 보아야 할 것이 있습니다. "스펙이 없이 스피릿으로 사는 것이 정말 미래를 여는 열쇠가 될 수 있느냐?" 하는 문제입니다.

✚ 성경을 보면서 저는 이렇게 확신을 가지고 말합니다. "스피릿이 스펙을 이긴다."

✚ 엘리 제사장의 아들 홉니와 비느하스는 스펙과 배경이 좋았습니다. 세습이 절로 이루어지고 별다른 노력 없이도 부, 명예, 권력을 거머쥐었습니다. 그러나 겉으로 보기엔 행복해 보이지만 이것이 행복 끝, 불행 시작의 신

호탄임을 알아차려야 합니다.

✚ 노력 없이 쉽게 얻은 힘(power)을 주체하지 못하여 그들은 방자해졌습니다. 본격적인 그들의 '갑질 행보'에 제동을 거는 사람은 아무도 없었습니다. 다들 엘리 제사장의 눈치만 본 것입니다. 혹시라도 비리에 저항하다가는 엘리 제사장이 자신들을 향해 저주할지도 모른다는 생각에 두려웠을지도 모릅니다.

✚ 그래서 부정과 부패가 만연하고 원칙과 기준이 무너져 내리는데도 눈감고 아웅 하는 사람들로 판을 치고 있었습니다. 성전에서 일어나는 죄와 악에 대하여 저항력을 잃어버린 세상은 여전히 홉니와 비느하스에게 재갈을 물리지 못합니다.

✚ 이러한 암흑 속에서 어떤 이는 말합니다. "하나님은 없다." 또 어떤 이는 말합니다. "하나님은 죽었다. 하나님이 계신다면 어떻게 이런 무수한 죄와 악이 성전에서 버젓이 행해지겠는가?"

✚ 정말일까요? 성경을 좀 더 자세히 보아야 합니다. 그러면 하나님의 손길이 보입니다.

> "아이 사무엘이 엘리 앞에서 여호와를 섬길 때에는 여호와의 말씀이 희귀하여 이상이 흔히 보이지 않았더라"(삼상 3:1).

✚　분명 성경은 제사장도 많고 말씀도 많았으나 "말씀이 희귀하였다"라고 합니다.

✚　성전에는 제사장들로 붐비고 있었을 것입니다. 다양한 제사도 많았습니다. 그래서 성전은 사람들로 가득 찼습니다. 그런데 이상한 것은 말씀이 없었습니다. 이것이 시대적 아픔이고 고통이며 절망입니다.

✚　그때에 하나님이 어떻게 역사를 빚어 가셨는지를 보아야 합니다. 사무엘상 3장 2절에는 "엘리의 눈이 점점 어두워 가서 잘 보지 못하는 그 때에 그가 자기 처소에 누웠고(점점 어두워짐)", 3절에는 "하나님의 등불은 아직 꺼지지 아니하였으며 사무엘은 하나님의 궤 있는 여호와의 전 안에 누웠더니(점점 환해짐)"라는 내용이 나옵니다.

✚　어둠과 빛, 절망과 희망이 교차하고 있습니다. 말씀이 사그라지고 있는 엘리 제사장과 말씀에 신선하게 사로잡히고 있는 사무엘이 함께 겹쳐지면서 보입니다. 눈이 점점 어두워져 가며 자기 처소에 누워 있는 엘리 제사장과 하나님의 궤가 있는 여호와의 전에 머물면서 하나님의 음성을 듣고 있는 사무엘이 묘하게 겹쳐지고 있습니다. 저에게는 이 장면이 굉장히 충격적이었습니다.

✚　여기에서 우리는 하나님의 일을 바르게 분석하고 평가해야 합니다. 절망이 깊은 시대였지만 하나님이 준비시키시는 은혜가 너무나 선명하게 보입니다. 절망의 시간에 하나님의 손을 보십시오. 시대의 어둠이 짙을수록

하나님의 일하심은 더욱 선명하게 보인다는 사실을 알아야 합니다. 하나님의 일하심을 보는 이들이 시대의 대안이 됩니다.

✚ 청년(성도)은 하나님의 대안입니다. 하나님의 대안이 되려는 사람, 미래를 열어 가려는 사람은 꼭 붙들어야 하는 씨름이 있습니다. 그것은 하나님 말씀과의 씨름입니다. 하나님의 음성을 들어야 합니다. 하나님께서는 사무엘을 세 번이나 부르셨습니다. 사무엘은 하나님의 음성을 듣는 법을 아직 배우지 못하였기에 분별력이 없었습니다. 사무엘은 하나님 음성 듣는 법을 배운 이후에야 비로소 한 시대를 열어가는 대안의 사람이 되었습니다.

✚ 하나님은 여전히 우리를 개인적으로 각각 인도해 가십니다.

> "… 양은 그의 음성을 듣나니 그가 자기 양의 이름을 각각 불러 인도하여 내느니라"(요 10:3).

혹시 이렇게 질문할지 모르겠습니다. "정말 하나님의 음성을 들을 수 있습니까?" 예 그렇습니다. 요한복음 10장 27절 말씀을 보십시오.

> "내 양은 내 음성을 들으며 나는 그들을 알며 그들은 나를 따르느니라"(요 10:27).

✚ 하나님은 말씀하시는 하나님입니다. 예나 지금이나 여전히 말씀을 통해 하나님의 일을 이루어가고 계십니다.

✚ 그렇다면 어떻게 하나님의 음성을 듣습니까? 우선적으로 성경적인 양육과 훈련을 받으십시오. 하나님을 바르게 섬기기를 원한다면 이보다 중요한 것이 없습니다. 사무엘은 하나님의 음성 듣는 법을 엘리 제사장에게 배웠습니다. 이것은 빛이 사라져 가는 엘리의 마지막 공헌입니다.

✚ 청년(성도)들이여, 할 수만 있거든 일대일 양육, 제자훈련, 성경공부에 건강한 방법으로 참여하십시오. 그리고 하나님의 음성 듣는 법을 배우십시오. 하나님의 음성 듣는 4가지 방법은 성경, 기도, 영적 권위자, 상황과 환경입니다. 성령의 감동 감화, 교통 교제의 성령의 역사하심을 통해서 하나님의 음성을 들을 수 있는 영적 민감성과 영적 분별력을 키우십시오.

✚ 무엇보다 중요한 것은 성경을 읽고 삶으로 소화시키십시오. 성경통독, 큐티, 성경공부 이 모든 것이 '적용'이라는 초점으로 모아져야 합니다. 성경묵상과 통독에서 중요한 것은 실제적이고 개인적이고 구체적인 적용입니다. 적용을 통해서 우리는 일상과 일터에서 말씀의 사람이 되어야 합니다.

✚ 많은 청년이 말합니다. "저도 잘하고 싶어요. 그런데 잘 안 됩니다. 제가 어떻게 말씀의 사람이 될 수 있습니까?" 로마는 하루아침에 이루어지지 않았다는 속담을 기억하십시오. 이것은 과정이 중요하다는 것입니다.

✚ 여러분이 만일 하나님의 음성 듣는 법을 배우고 시대의 대안의 사람이 되고자 한다면 과정을 중시하십시오. 과정을 중시하는 사람은 스펙의 시대에 스피릿을 따라 살아갑니다. 스펙은 순간을 결정하지만 스피릿은 연이어

지는 과정과 결과를 만들어 냅니다. 하나님의 음성을 듣고 순종하면서 산다는 것은 과정에 충실한 스피릿을 지닌 인생이 되는 것입니다.

✚ 역사의 어둠이 짙었을 때에 청년(성도)이여, 개신교도(Protestant)다움을 회복하십시오. 이 땅의 청년(성도)들에게 권면하고 싶습니다. 홉니와 비느하스의 후예들로 인해서 기독교를 개독교라고 말하는 현실을 직시하십시오. 그리고 나 자신이 대안의 사람이 되고자 개신교도(Protestant)다움을 회복하십시오.

✚ 개신교는 비성경적인 것에 반대하고 저항하며 개혁과 갱신이 핵심에 자리합니다. 개신교도(Protestant)들은 끊임없이 성경으로 돌아가며 성경에서 말하는 그 삶의 방식을 붙들고 씨름하였습니다. 그래서 온갖 더러움에서 깨끗해지려는 시도를 끊임없이 할 때, 개인을 새롭게 하고 공동체를 새롭게 하고 민족과 역사를 새롭게 하는 것이 가능하였습니다.

✚ 적어도 청년(성도)들은 그래야만 한국교회의 미래가 있습니다. 청년 루터와 칼뱅이 그러했듯 지금이야말로 성경으로 돌아가 성경 앞에서 시대를 읽고 해석하여야 할 때입니다. 역사의 새벽이 오게 하는 사람들에게는 예외가 없습니다. 공동체를 건강하게 하고 교회를, 세상을 위한 축복의 통로가 되게 하려는 이들은 언제나 성경으로 돌아가는 작업을 치열하게 그리고 치밀하게 하였습니다.

✚ 지금 이 땅은 민족적으로 분단국가이고, 군사적으로는 언제든 전쟁의

위험이 있고, 경제적으로는 양극화가 심화되고 있고, 사회적으로는 소외되고 연약한 이들에 대한 관심이 빈약하고, 문화적으로는 맘몬과 아세라가 판을 치고 있는 것이 현실입니다.

✚ 이 민족의 희망은 교회입니다. 세상이 개독교라고 욕하지만 여전히 교회가 유일한 희망입니다. 여전히 교회 안에서 준비되고 있는 사무엘과 같은 이들에게 미래가 달려 있습니다. 그러므로 교회를 교회되게, 성도를 성도되게 하는 것만이 이 민족이 살 길입니다. 예수 그리스도께서 피로 값 주고 사신 그 교회가 너와 나 바로 우리들 자신임을 기억해야 할 때입니다.

✚ 지금이야말로 성경적인 스피릿을 지닌 청년성을 회복해야 할 때입니다. 진정한 청년성이란 성경으로 돌아가서 성경적인 미래를 세워가기 위하여 하나님이 주신 꿈을 꾸고 그 꿈에 대한 대가를 기꺼이 지불하는 것입니다.

✚ 청년들이 엘리의 아들들과 다른 길을 가게 되기를 바랍니다. 성도들이 엘리의 길과 다른 길을 걷게 되기를 바랍니다. 그때에 하나님께서 친히 수치를 제하시며, 우리의 눈물을 씻기시며, 우리가 그리스도의 편지로 읽혀지고 그리스도의 향기로 퍼질 수 있는 은혜를 베풀어 주실 것입니다.

## 스토리가 스펙을 이긴다

"저는 미래가 보이지 않아요",
"매일 염려와 걱정 근심이 찾아옵니다."
"제가 어떻게 해야 할까요?"…
청년들이 종종 던지는 질문입니다.
가만 생각해 보면
현대인에게 미래란 특정 소수를 제외하고는
어차피 보장되지 않은 것입니다.
청년의 때에 너무 많이 고민하면서 시간을 허비하기보다는
기초 공사에 시간과 열정을 쏟아야 합니다.
염려하고 고민한다고 문제가 해결되지 않습니다.
그러나 기초 공사를 하면 그만큼 인생은 견고해집니다.
그런 의미에서 시대가 어두울수록
기독 청년은 묵상과 기도로 인생을 건축해 가야 할 것입니다.
미래에 대한 염려와 근심 걱정에
마음이 눌린 이들을 위한 나눔입니다.

✚ 영적 침체의 시대에 하나님은 잘 보이지 않고 말씀이 희귀하지만 여전히 은혜를 사모하는 사람들은 하나님을 만나고, 하나님의 손에 의해 빚어지고, 축복의 통로로 쓰임을 받습니다. 이것은 만고불변의 진리입니다. 왜입니까? 하나님이 그렇게 말씀하셨기 때문입니다.

"나를 사랑하는 자들이 나의 사랑을 입으며 나를 간절히 찾는 자가 나를 만날 것이니라"(잠 8:17).

"…나를 존중히 여기는 자를 내가 존중히 여기고 나를 멸시하는 자를 내가 경멸하리라"(삼상 2:30).

✚ 저의 경우에는 청년의 때 금식을 자주 하였습니다. 삼일 금식을 하면서 말씀과 기도로 하나님 앞에 머무는 시간을 가지곤 하였습니다. 연말이나 연초에는 기도원에서 묵상과 기도로 한해를 준비하고 계획하면서 최대한 하나님의 음성을 듣는 시간을 확보하고자 하였습니다.

✚ 고등학교를 졸업하고 3년 동안 직장 생활을 하던 시간이 떠오릅니다. 마지막 1년을 먼지가 펄펄 나는 창고 속에서 벽지 박스를 정리하고 트럭 보조로 따라다니면서 물건을 나르며 보냈습니다. 그때 인생은 암흑처럼 느껴졌습니다. 빛이 보이지 않았습니다. 그런데 빛이 비추기

시작했습니다. 일이 일찍 끝나면 사장님의 허락을 받아서 틈나는 대로 성경을 읽기 시작했는데, 그때 말씀이 제 삶을 비추기 시작했습니다.

✚ 1평 남짓한 작은 공간에서 박스를 쌓아서 책상과 의자를 만들고 추워서 옷을 몇 겹씩 입고서 성경을 읽다 보면 어느새 온몸이 말씀의 감동으로 뜨거워지는 경험을 하곤 하였습니다. 성경을 읽어 나가다가 감동이 되는 구절에는 밑줄을 치고 형광펜으로 표시를 하였습니다.

✚ 성경을 읽으며 하나님께서 상처, 열등감, 비교 의식을 만지시고 고치시고 싸매시는 은혜를 경험하곤 하였습니다. 그야말로 성령의 힐링(치유와 회복)이 성경을 읽는 시간 시간마다 진행되었습니다.

✚ 힐링이 일어나면 그 다음으로 주어지는 선물이 있습니다. 이상(비전)을 본다는 것입니다. 성경을 쭉 읽어가다가 어느 순간부터 이상(비전)이 제게로 왔습니다. "너는 상처 입은 치유자가 될지라" 정확하게 이해하기까지는 시간이 걸렸지만 목회자로 부르심이 있었던 것입니다. 저는 이상(비전)이 하나님의 말씀을 묵상할 때 보인다는 것을 확신합니다.

✚ 스펙을 준비하는 청년들에게 저는 하나님의 말씀을 우선적으로 묵상하라고 권합니다. 성경을 읽어야 이상(비전)이 보이고 이상(비전)이 보여야 스피릿이 생기고 스피릿이 생겨야 삶의 선택과 집중이 생기기 때문입니다. 그렇습니다. 이상(비전)이 보이면 삶의 우선순위가 바뀝니다. 이상(비전)이 주어지면 누가 시켜서 억지로가 아니라 자원함으로, 감사함으로, 진심과 전심으로

하나님의 열심을 가지고 살아가게 됩니다.

✚ 청년의 때에 미래가 두려우면 아무것도 도전하지 못하게 됩니다. 일종의 사고 장애로 자신이 만든 의식의 감옥 속에 갇혀서 나오지 못하게 됩니다. 움츠리고 쪼그라드는 것입니다. 이러한 의식과 사고의 감옥은 내가 주인이 되는 자리에 머무는 이들에게 공통적으로 나타납니다.

✚ 자세히 관찰해 보면 우리 삶의 허다한 문제는 내가 주인이 되는 순간 일어납니다. 그러므로 이런 질문을 해야 합니다. "내가 주인 삼은 것은 무엇인가?" 이 질문은 우리에게 내려놓음의 영역을 깨닫게 합니다.

✚ 저 또한 어두운 의식의 감옥에 갇혀서 오랜 시간 칙칙한 삶을 살았습니다. 그런데 묵상을 계속 하다가 어느 날 눈이 열리는 경험을 하였습니다. 하나님의 세미한 음성이 제 마음을 두드린 것입니다. "네가 주인 되는 자리에서 내려와라. 하나님을 믿으라, 말씀을 믿으라."

✚ 주인이 되는 자리에서 내려오니 비로소 저를 사로잡고 있는 어둠의 실체가 보였습니다. 저는 그때서야 제 안에 있는 두려움을 인정하고 주님의 도우심을 구하였습니다.

✚ "하나님, 솔직히 너무 두렵습니다. 사람들로부터 수치를 당하고 조롱거리가 될까봐서 두렵습니다. 막노동을 하다가 신학을 한다고 하니 사람들이 우습게 여기는 것 같고, 제 스스로도 열등감과 비교 의식을 넘어서지 못하

면 어쩌나 하는 두려움과 불안이 시시각각 저를 무너뜨리려합니다. 주님, 저를 불쌍히 여겨 주옵소서. 은혜를 주옵소서."

✚ 이러한 불안과 두려움의 벽을 넘어서기까지 꽤 오랜 시간이 걸렸습니다. 이것은 나의 힘과 능력으로 되었다기보다는 하나님께서 저의 눈을 여시고 마음 문을 열어서 말씀으로 제 삶을 빚어 가심으로 이루어진 일입니다. 청년 시절에 저를 가두어 두었던 감옥으로부터 점차 자유롭게 했습니다.

> "형제들아 너희를 부르심을 보라 육체를 따라 지혜로운 자가 많지 아니하며 능한 자가 많지 아니하며 문벌 좋은 자가 많지 아니하도다"(고전 1:26).

이 말씀을 깊이 묵상하면서 스펙으로부터 자유로워졌습니다.

> "그러므로 염려하여 이르기를 무엇을 먹을까 무엇을 마실까 무엇을 입을까 하지 말라 이는 다 이방인들이 구하는 것이라 너희 하늘 아버지께서 이 모든 것이 너희에게 있어야 할 줄을 아시느니라 그런즉 너희는 먼저 그의 나라와 그의 의를 구하라 그리하면 이 모든 것을 너희에게 더하시리라"(마 6:31-33).

이 말씀을 깊이 묵상하면서 염려로부터 해방되었습니다. 염려하는 대신 하나님의 나라와 의를 구하기 시작했습니다.

> "아무 것도 염려하지 말고 다만 모든 일에 기도와 간구로, 너희 구할 것을 감사함으로 하나님께 아뢰라 그리하면 모든 지각에 뛰어난 하나님의 평강이 그

리스도 예수 안에서 너희 마음과 생각을 지키시리라"(빌 4:6-7).

이 말씀을 깊이 묵상하면서 저는 더욱 기도에 힘쓰기 시작했습니다. 기도와 염려는 시소 놀이와도 같습니다. 기도하면 염려가 사라지고 기도가 사라지면 그 자리엔 염려로 채워졌습니다.

"내가 궁핍하므로 말하는 것이 아니니라 어떠한 형편에든지 나는 자족하기를 배웠노니 나는 비천에 처할 줄도 알고 풍부에 처할 줄도 알아 모든 일 곧 배부름과 배고픔과 풍부와 궁핍에도 처할 줄 아는 일체의 비결을 배웠노라 내게 능력 주시는 자 안에서 내가 모든 것을 할 수 있느니라"(빌 4:11-13).

이 말씀을 깊이 묵상하면서 하나님이 주시는 힘과 지혜와 능력을 공급 받아 살아가는 법을 배우게 되었습니다. 그리고 자족하는 삶에서 자유함이 온다는 것을 깨닫게 되었습니다.

✚ 말씀을 보는 눈이 열리고 길이 열리니 마음에 평안이 찾아왔습니다. 그때서야 고백했습니다. "어차피 잃을 것이 없는 인생입니다. 덤으로 주신 인생입니다. 하나님을 전심과 진심으로 기뻐하겠습니다." 그때부터 자유와 평안이 제 삶의 특징이 되었습니다.

✚ 저는 지금 이 시대도 마찬가지라고 생각합니다. 우리는 삶의 자리에서 허다한 문제들을 만나면 무엇을 해야 하나요? 하나님께 더 가까이 나아가 의지, 의탁, 의뢰하는 말씀의 씨름을 해야 합니다. 치열하게 말씀의 씨름을

해야 합니다. 개인의 문제, 가정의 문제, 공동체의 문제, 시대적 문제를 말씀으로 이겨야 합니다.

✚ 성경에서 시대의 어둠을 밝히는 한 사람을 만나게 됩니다. 그는 젖을 뗀 후에 바로 성전에서 자라게 됩니다. 부모님의 사랑과는 거리가 멀어진 상태에서 그를 붙잡아 준 것은 하나님의 은혜로 주신 말씀이었습니다. 사무엘상 2장 11-12절에는 사무엘과 엘리의 아들들이 서로 대조적으로 나옵니다.

"엘가나는 라마의 자기 집으로 돌아가고 그 아이는 제사장 엘리 앞에서 여호와를 섬기니라 엘리의 아들들은 행실이 나빠 여호와를 알지 못하더라"(삼상 2:11-12).

✚ 사무엘은 여호와를 섬기면서 자란 세대라면 엘리의 아들들은 그 시대가 낳은 아들들입니다. 다시 말해서 홉니와 비느하스는 아버지에게서 물려받은 모든 것으로 편안하게 쾌락을 추구하며 불의하게 살았습니다. 그들은 제사장이었지만 시대를 역류하는 영적인 거룩한 힘이 없었기에 음란하고 타락한 세태를 따라서 그대로 살았다는 것입니다.

✚ 시대의 흐름은 하나님의 사람들에게 분별력을 요구합니다. 왜냐하면 시대의 조류라는 것은 성경적으로 흘러가기보다는 본질적으로 죄성을 따라 흘러가는 경우가 허다합니다. 아담과 하와가 그러했고, 소돔과 고모라가 그러했으며, 사사 시대에도 자기 소견에 좋을 대로 행하였고, 초대교회에도 세상은 동성애와 온갖 죄악이 판치는 도성들로 가득했습니다. 죄악이 만연

한 시대에는 언제나 우선적으로 예배가 무너집니다. 거룩이 훼손됩니다.

> "이 소년들의 죄가 여호와 앞에 심히 큼은 그들이 여호와의 제사를 멸시함이 었더라"(삼상 2:17).

✚ 여호와의 제사는 예배입니다. 언제나 타락과 부패는 예배의 무너짐에서 시작됩니다. 혹자는 말합니다. "예배를 드리는데요." 주일예배, 수요예배, 금요예배, 새벽기도회, 가정예배, 예배는 차고 넘치도록 드립니다. 그런데 왜 그토록 부패하고 타락합니까?

✚ 홉니와 비느하스처럼 예배를 많이 드린 사람도 없었을 것입니다. 그들은 제사장이었기에 번제, 소제, 화목제, 속건죄, 속죄제… 온갖 제사를 다 드렸을 것입니다. 그런데 그들의 중심부를 보십시오. "그들이 여호와의 제사를 멸시함이었더라"(삼상 2:17) 여기에 모든 설명이 압축되어 있습니다.

✚ 그런데 어머니의 기도로 이 땅에 태어난 사무엘은 태어나기 전부터 스토리가 있습니다. 그의 성장 과정에도 그 스토리는 이어지고 하나님 나라 이야기로 연결됩니다. 다시 말해서 사무엘은 신앙과 삶, 신앙과 일이 일치되어 서로 연결되어 있었던 것입니다. 사무엘상 2장 18절은 이렇게 증언하고 있습니다.

> "사무엘은 어렸을 때에 세마포 에봇을 입고 여호와 앞에서 섬겼더라"(삼상 2:18).

✚ 엘리의 아들들과는 사뭇 대조적입니다. 사무엘은 여호와 앞에서 정직하고 진실함으로 섬기며 성장하고 성숙해 갔습니다. 우리는 여기에서 나를 돌아보아야 합니다. 시대의 온갖 추악하고 탐욕스러운 옷을 거부하고 거룩하고 정결한 세마포 옷을 입고 있는지 돌아보아야 합니다. 이 의미는 구별됨, 거룩함을 추구하라는 것입니다.

✚ 엘리의 아들들과 사무엘은 중심부가 달랐습니다. 사람들은 다 엘리의 아들들을 부러워했을지 모릅니다. 당장 부, 명예, 권력의 꼭짓점에 자리한 그들이 선망의 대상이 되었을지도 모릅니다. 그런데 그 시각 하나님의 관점에서 미래를 향한 하나님의 평가는 세상과는 다릅니다. 사무엘상 2장 25절 후반절에 "여호와께서 그들을 죽이기로 뜻하셨음이더라"라는 부분을 보십시오. 당장 좋아보였지만 하나님은 그들을 이미 방치하신 것입니다.

✚ 죄짓고 잘사는 것이 불공평해 보이지만 공평하신 하나님께서는 반드시 최후 심판을 하십니다. 이것을 알아야 우리는 추악한 세상에서 추락하지 않고 버티면서 하나님 앞에서 살아갈 힘과 용기를 얻게 됩니다. 하나님 중심성, 하나님 우선성을 시종일관 붙잡았던 사무엘의 길은 엘리의 아들들의 길과 가는 방향과 과정이 달라집니다.

"아이 사무엘이 점점 자라매 여호와와 사람들에게 은총을 더욱 받더라"(삼상 2:26).

눈에 보이지 않지만 실재하시는 하나님의 평가가 팍팍 와 닿아야 합니다.

그리고 질문해야 합니다. "나는 어디에 서 있는가?"

✚ 청년의 때 갈 바를 알지 못하고 미래를 향해 항해하였던 망망한 인생의 대해에서 끊임없이 물었던 질문도 이것입니다. "나는 어디에 서 있는가?" 나의 중심부를 확인하는 질문입니다. 그리고 속으로 되뇌곤 했습니다. "하나님 앞에 서 있다면 아무리 문제가 많아 보여도 아무런 문제없다. 그러나 아무리 좋아 보여도 하나님 앞에서 머물고 있지 않다면 모든 것이 어그러지고 있는 것이다."

✚ 오늘 자신에게도 물어 보아야만 합니다. 그리고 확실하게 내가 선 자리를 확인해야 합니다. "나는 어디에 서 있는가?"

✚ 시대의 어둠 속에서 청년 실업자가 늘어갑니다. 청년들은 연애와 결혼, 취업, 출산의 3포세대로 끝나지 않고 인간관계까지 포기하는 4포세대가 된 지 오래입니다. 결혼을 할 수 없기에, 절망의 시대이기에 시대의 흐름은 더 자극적이고 원초적 욕망을 추구하는 방향으로 흘러가고 있는지도 모릅니다. 그러나 우리는 확신해야합니다. "스토리가 스펙을 이긴다."

✚ 하나님과 동행함으로 나의 이야기는 하나님의 이야기가 되게 하십시오. 역사(history)는 단순한 시대의 흐름이 아닌 그분을 만나고 그분 앞에 서 있을 때 그분의 이야기(His story)가 됩니다.

# 믿음의 수준이 인생의 차이를 만든다

신앙생활을 하는 가운데 오랜 시간이 흘러도
상황이 변하지 않는 경우가 있습니다.
왜일까요?
하나님을 믿으며 살아간다는 것이
오늘 우리에게 어떤 의미가 있을까요?
믿음의 차이가 인생의 차이를 만든다는 것은
어떤 의미일까요?

✚ 여러분은 언제 행복하십니까? 학생들은 시험을 잘 보았을 때 행복합니다. 장학금을 받으면 행복합니다. 교수님의 칭찬을 들으면 행복합니다. 직장인들은 휴가를 받으면 행복합니다. 연봉이 오르면 행복합니다. 진행하던 프로젝트가 정말 잘 되었을 때 행복합니다. 보너스를 두둑이 받으면 행복합니다.

✚ 그러면 그리스도인들은 언제 행복합니까? 내 안에서 예수 그리스도께서 사신다는 것을 인식하는 순간 행복해집니다. 내 삶에서 예수님께서 하셨던 일이 재현될 때 행복합니다.

✚ 그리스도인이란 예수 그리스도를 주로 믿고 고백하고 예수 그리스도의 삶을 재현하기를 꿈꾸는 사람들이기 때문입니다. 예수 그리스도를 믿는 믿음이 우리의 삶을 생생하게 살아있도록 하기 때문입니다.

✚ 하나님은 우리를 기계로 만들지 않았습니다. 기계는 프로그램이 세팅된 그대로 움직입니다. 인간은 로봇이 아닙니다. 그래서 수시로 하나님과 깊고 친밀한 교제를 해야 행복합니다. 여러분은 신앙의 여정에서 일이 아닌 관계로서 성숙해 가는 것이 필요합니다.

✚ 하나님은 우리를 애완용으로 만들지 않으셨습니다. 우리는 강아지같은 여러 애완용 동물들을 좋아합니다. 그러나 아무리 좋아도 자신의 형상대로 지으신 인간을 좋아하시는 하나님의 사랑에는 견줄 수 없습니다.

✚ 여러분은 신앙의 여정에서 나보다 나를 더 사랑하시는 하나님의 사랑을 알아가며 성숙해 가는 것이 필요합니다.

✚ 제 딸이 세 살이라고 하면 사람들은 말합니다. "가장 좋을 때다." 정말 그렇습니다. 딸은 제가 집에 가면 두 손을 흔들면서 함박웃음을 지으며 "아빠! 아빠!" 하고 외치며 저에게 달려옵니다.

✚ 저는 종종 아이 목욕을 시키는 일을 합니다. 딸아이에게 밥을 먹이는 일도 합니다. 밥을 먹지 않으려 할 때, 한 숟갈만 먹어 달라고 애원하기도 합니다. 제가 이럴 줄 저도 몰랐습니다.

✚ 사랑하니까 교훈도 하고, 책망도 하고, 바르게 하고, 의로 교육하려고 하지만 가장 중요한 것은 사랑을 경험하게 하고 확신하게 하고 사랑 안에서 자라도록 하는 일입니다. 그래서 아버지와 자녀라는 관계성 속에서 인격적으로 만나며 친밀함을 경험하도록 하고자 합니다.

✚ 종종 딸은 바닥에 떨어진 밥풀을 먹으려 합니다. 그때마다 저는 말합니다. "공주, 그것은 아니 되오." 그리고 밥풀 대신에 맛있는 밥을 먹게 합니다. 누구도 자신의 사랑스러운 자녀가 바닥에 떨어진 음식물이나 쓰레기를

주워 먹기를 원치 않을 것입니다.

✚ 하나님께서 우리에게 기대하시는 것이 무엇입니까? 육체의 소욕을 주워 먹기를 멈추는 것입니다. 그리고 성령의 소욕을 따르는 것입니다. 미움, 다툼, 시기, 질투를 버리고 서로 사랑하는 것입니다.

✚ 종종 딸은 요구 사항을 반복적으로 이야기하곤 합니다. 물, 빵, 요구르트, 뽀로로, 블록, 인형… 계속 요구 사항을 말하곤 합니다. 아직까지 한번도 "아빠, 제가 무엇을 해야 아빠를 기쁘게 할 수 있을까요? 아빠, 무엇을 원하세요?" 이런 질문을 한 적이 없습니다. 그저 잘 먹고, 잘 놀고, 잘 싸면 감사합니다. 염려하지 않습니다. 그래서 딸의 끊임없는 요구를 아빠로서 가급적이면 들어줍니다.

✚ 그런데 때로는 거절할 때도 있습니다. 과식을 하거나, 어린이용 비타민을 너무 많이 먹으면 더 이상 먹지 못하게 합니다. 칼이나 가위나 위험한 물건을 가지고 있거나 요구하면 바로 빼앗아서 "이건 안 돼." 하고 한계선을 분명히 합니다. 그러나 항상 그렇게 하지는 않을 것입니다. 저는 아이가 성장하고 성숙하기를 바라기 때문입니다.

✚ 늘 아빠에게 요구만하는 원초적 욕망의 수준이 아니라 점점 아빠의 마음을 헤아리며 깊고 친밀한 관계성을 갖는 자녀로 자라기를 기대합니다. 또한 받아먹기만 하는 인생이 아니라 섬기고 베풀고 돕는 축복의 사람이 되기를 기대합니다. 이것이 성숙입니다.

✚ 신앙의 여정이 그러해야 합니다. 우리가 하나님께 요구하는 수준이 아니라 하나님의 뜻을 알고 하나님의 뜻이 우리의 섬김을 통해서 이루어지도록 하는 인격적인 관계로 성숙해 가는 것을 하나님은 기뻐하십니다. 원초적 욕망을 채우는 수준에서 성숙이 멈추어서는 안 된다는 것입니다.

✚ 그렇다면 어떻게 우리는 성숙할 수 있습니까?

"오직 사랑 안에서 참된 것을 하여 범사에 그에게까지 자랄지라 그는 머리니 곧 그리스도라"(엡 4:15).

여기에 영적 성장의 비밀이 있습니다. 예수님을 닮아가기를 원하신다면 모든 상황 속에서 사랑 안에서 참된 것을 지속, 반복, 집중하십시오. 이것이 생명력 있는 그리스도인이 되게 합니다.

✚ 생명력이 있는 그리스도인은 결코 불행하지 않습니다. 예수 그리스도 안에서 살아가기 때문입니다. 그러므로 여러분이 영적으로 성숙하는 수준만큼 여러분은 행복해질 것입니다.

✚ 예수 그리스도 외에는 어떤 것도 여러분을 좌지우지할 수 없기 때문입니다. 믿음의 수준이 여러분의 삶의 행복의 수준을 만들기 때문입니다.

✚ 생명력이 있는 그리스도인은 행복합니다. 사랑 안에서 참된 것을 하며 예수님을 닮아가기 때문입니다. 예수님을 믿는 사람의 최고의 행복은 예수

그리스도를 닮아가는 것이기 때문입니다. 우리의 성품도, 우리의 삶도 예수님을 닮아가는 것이 그 어떤 것에도 비교할 수 없는 행복입니다.

✚ 기억하십시오. 믿음의 수준이 인생의 차이를 만듭니다. 믿음의 수준이 행복의 수준입니다.

# 청년아,
# 흉년의 때에
# 우물을 파라

조금만 힘들어지면 포기하는 이들이 있습니다.
인생의 어려운 문제들로부터 회피하려고 합니다.
진로와 진학의 문제 앞에서,
이성 교제와 결혼 문제의 문제 앞에서,
인생의 흉년을 경험하고 있는
모든 그리스도인들에게 이 글을 나눕니다.
(흉년은 실패, 실수, 실망의 상황을 의미합니다.)

✚ 흉년은 싫습니다. 힘듭니다. 그리고 고통스럽습니다. 몸도 마음도 지칩니다. 인간관계가 깨지기도 합니다. 이웃사촌이 아니라 이웃이 원수가 되어 싸우고 다툽니다. 생존의 문제가 걸려 있기 때문입니다. 더 나아가 무엇보다 내 마음대로 살아가려고 하는 것 자체가 흉년입니다. 이러한 흉년이 주는 유익은 거의 없습니다.

✚ 흉년의 때, 그래도 지시하신 땅에 거주해야 합니다. 그리스도인들은 단순하게 하나님이 지시하신 땅에 거주하는 사람들입니다. 복잡하면 안 됩니다. 그분이 말씀하신대로 살아야 길이 보이고, 그래야 흉년이 해결됩니다.

✚ 하나님이 지시하신 땅에도 다툼이 있고 대적이 있고 싸움이 계속됩니다. 실수도 있고 실패도 있고 실망하는 일도 일어납니다. 그래도 지시하신 땅에서 우물을 파야 합니다. 이삭이 팠던 우물, 에섹과 싯나가 그러합니다.

✚ 힘들다고 도망가서는 안 됩니다. 그냥 순종하면 됩니다. 우물을 파라면 우물을 파면 됩니다. 다툼과 대적이 생기면 그리스도인들은 '이건 하나님의 뜻이 아닌가 보다'라고 종종 생각합니다. 그렇지만 그건 아닙니다. 중요한 것은 약속의 말씀이지 상황이 아닙니다. 에섹과 싯나와 같은 상황에서도 오직 하나님만 바라보아야 합니다.

✚ 하나님과 동행한다면 '르호봇'은 있습니다. 인생에도 볕이 드는 날이 반드시 옵니다. 하나님이 지시하신 땅에서 해야 하는 씨름은 제각기 다르지만 눈물로 씨를 뿌리면 기쁨으로 단을 거둘 때가 있습니다. 힘들고 고통스러운 것 압니다. 사람들 눈을 마주치는 것이 두려운 것도 압니다. 남들이 나를 어떻게 생각할까 하는 두려움도 압니다. 내 인생 어떻게 되나 하는 조바심도 압니다. (르호봇 : '넓은 장소'라는 뜻. 이삭이 그랄 왕 아비멜렉과의 분쟁을 피해 그랄 골짜기에 팠던 세 번째 우물 이름. 이전의 두 우물과는 달리 이 우물에서는 더 이상 분쟁이 발생하지 않았기에 이런 이름이 붙여졌다.)

✚ 그러나 너무 쉽게 '하나님의 뜻이 아닌가 봐' 하고 단정 짓지 마십시오. 어렵다고 쉽게 회피하거나 도피하지 마십시오. 인생은 도망간다고 해결되는 것이 아닙니다. 오히려 약속의 말씀을 붙들고 정면 승부를 해야만 '르호봇'의 은혜가 임합니다.

✚ 은혜는 만사형통을 의미하는 것인가요? 오히려 흉년의 때에 하나님이 지시하신 곳에서 씨름하다가 하나님의 때에 '르호봇'이 나오는 것이 은혜가 아닌가요? 겸손하게 하나님 은혜의 보좌 앞에서 주의 눈물 병에 눈물을 담는 시간에 주님의 친밀하심과 위로하심을 경험하면서 비르게 치유되고 회복되는 시간이 더욱 큰 은혜입니다. 순종함으로 눈물과 피와 땀을 흘린다면 때가 차매 '르호봇'을 허락하십니다.

✚ 우리 인생에 흉년이 없는 것이 은혜가 아니라(그것도 은혜지만) 우리의 지경을 넓히시는 하나님의 일하심을 경험한다는 것이 은혜입니다. 하나님을 경

험하는 것이 큰 은혜인 것입니다.

✚ 고난, 고통, 고독이 없는 인생을 허락해 달라고 기도하는 것에서 하나님을 경험하게 해 달라고 기도의 물꼬를 바꾸어 봅시다. 상황을 바라보는 눈에서 약속의 말씀을 바라보는 믿음의 눈을 달라고 기도합시다. 어차피 그리스도인은 상황에 따라 사는 사람들이 아니라 믿음으로 사는 사람들입니다.

✚ 청년의 때, 내 마음대로 되지 않고 광야 가운데, 지독한 흉년 가운데 걸어가고 있습니까? 그때가 하나님을 가장 가까이 친밀하게 만나는 시간임을 놓치지 마십시오.

✚ 하나님께로 더 가까이 나아가십시오. 그래야 살 수 있습니다. 그래야 하나님을 찐하게 경험합니다. 그때가 되어서야 비로소 "여호와께서 너와 함께 계심을 우리가 보았으므로"(창 26:28) 이 고백들이 흘러나오게 됩니다. 그때에 사람들은 말합니다.

"… 너는 여호와께 복을 받은 자니라"(창 26:29).

✚ 내가 광고하고 떠벌리는 것이 아니라 주변 사람들이 그렇게 말하는 것입니다. 내가 우기는 것이 아니라 주변 사람들이 보고 듣고 경험하였기에 그렇게 말할 수밖에 없는 것입니다. 이것이 은혜 중에 은혜입니다.

✚ 흉년의 때에 우물을 파십시오.

# 당신은
# 누군가에게
# 참 좋은
# 선물입니다

이 땅을 사는 그리스도인들은
늘 질문해야 합니다.
"나는 누구인가?"
건강한 정체성을 가져야
건강한 그리스도인으로서 살아가게 됩니다.
내가 누구인가를 질문하는 이들에게
빌립보 교회의 이야기를 나눕니다.

✚ 그리스도인에게 "립 서비스만 잘한다"라는 말은 치명적인 독입니다. 말만 잘한다고 하는 것은 실상 신앙을 삶으로 받쳐 주지 못한다는 욕설에 가깝기 때문입니다.

✚ 신앙과 삶은 같이 가야 합니다. 그런 면에서 빌립보 교회를 자세히 들여다보면 참 마음이 따뜻해집니다. 빌립보 성도들은 립 서비스가 아니라 신앙으로 자신들의 삶을 잘 가꾸었고 바울의 괴로움에도 자신들의 마음을 모아서 참여하였습니다. 괴로움에 참여하였다고 표현한 것은 섬김으로 함께 하였다는 것입니다.

"그러나 너희가 내 괴로움에 함께 참여하였으니 잘하였도다"(빌 4:14).

✚ 이러한 섬김에 대해 바울 사도는 감사하는 마음으로 "참 잘했다"고 칭찬을 합니다. 빌립보 교회는 바울 사도가 전도 여행 초기에 마케도니아를 떠날 때에 재정적으로 후원해 주었습니다.

✚ 그리고 다시 바울이 두 번째 선교 여행으로 데살로니가에서 극한의 어려움(행 17:5; 살전 2:2)을 당하고 있을 때에도 빌립보 성도들이 바울에게 두 번이나 후원금을 전달했습니다.

"빌립보 사람들아 너희도 알거니와 복음의 시초에 내가 마게도냐를 떠날 때에 주고받는 내 일에 참여한 교회가 너희 외에 아무도 없었느니라 데살로니가에 있을 때에도 너희가 한 번뿐 아니라 두 번이나 나의 쓸 것을 보내었도다"(빌 4:15-16).

✚ 사랑을 받은 사람들이 사랑을 흘려보냅니다. 위로부터 받은 사랑, 빚진 자의 심정이 있어야 흘려보내게 됩니다.

✚ 바울 사도는 데살로니가에 있을 때 그들에게 재정적인 부담을 주지 않기 위해서 자비량으로 사역을 했음에도 불구하고(살전 2:9; 살후 3:7-8), 빌립보 교회의 후원을 받았다는 것은 빌립보 교회와 바울 사도가 자식과 아비의 관계와 같이 친밀한 관계였음을 짐작게 합니다.

✚ 빌립보 교회 성도들로부터 받은 선교 후원금을 바울은 다양하게 표현합니다. '선물', '향기로운 제물', '하나님을 기쁘시게 한 것'으로 표현합니다.

"내가 선물을 구함이 아니요 오직 너희에게 유익하도록 풍성한 열매를 구함이라 내게는 모든 것이 있고 또 풍부한지라 에바브로디도 편에 너희가 준 것을 받으므로 내가 풍족하니 이는 받으실 만한 향기로운 제물이요 하나님을 기쁘시게 한 것이라"(빌 4:17-18).

✚ 바울 사도는 자신이 선물을 받고자 하는 욕심에서 말하는 것이 아니라, 빌립보 교회의 섬김은 빌립보 교회 성도들에게 큰 유익이 된다고 선명하게

정리합니다. "남을 윤택하게 하는 자는 자기도 윤택하여지리라"(잠 11:25)는 말씀처럼 이를 통한 영적인 열매가 빌립보 성도들에게 있다는 것입니다.

✚ 기독교인은 쌓아 두는 인생이 아니라 흘려보내는 인생입니다. 물 댄 동산, 물이 끊어지지 아니하는 샘입니다. 받은 사랑을 흘려보내어 괴로움이 있는 곳을 적십니다. 그리스도인의 영은 괴로움에 참여함으로써 소생케 됩니다.

✚ 낮은 곳으로 흘러갈 때 영이 살아납니다. 섬김의 자리로 흘러갈 때 영이 살아납니다. 낮은 곳으로, 아래로 흘려보내는 것이 곧 내가 사는 것입니다. 누군가를 섬긴다는 것은 실상은 나를 살리는 것입니다.

✚ 나를 하나님의 임재 가운데 생수의 강으로 나아가게 하는 방법은 참으로 단순합니다. 여러분에게 있는 것을 허비하십시오. 시간, 마음, 물질, 중보기도, 무엇이든지 하나님을 사랑하는 마음으로 헌신하는 것은 하나님이 받으시는 향기로운 제물이요, 하나님이 기뻐 받으시는 것입니다.

✚ 돈만이 아닙니다. 마음이 흘러가야 하고 정신이 흘러가야 합니다. 그래서 주변 사람들로부터 "그 사람은 정말 하나님이 보내 주신 선물이야." 이런 고백이 들려진다면 제대로 가고 있는 것입니다.

✚ 어려운 처지에 있는 이에게 커피 한잔을 사 주고, 힘들어 하면 그의 말을 그저 묵묵히 들어 주십시오. 필요하다면 식사 한 끼를 섬기십시오. 기도

하면서 거룩한 부담감이 생긴다면 무리하지 않는 범위 안에서 하나님이 주신 마음을 따라 후원금을 보내십시오. 액수가 중요하지 않습니다. 적더라도 마음이 더욱 중요합니다.

✚ 저는 주변에서 하나님이 주신 마음으로 섬김을 실천하는 분들을 많이 압니다. 어떤 이는 가족들도 잘 찾아오지 않는 요양원에 간식을 사 가지고 가서 말벗이 되어 줍니다. 어떤 이는 환우를 위해서 반찬을 만들어서 정기적으로 섬깁니다. 어떤 이는 이름 없이 빛도 없이 은밀한 구제와 섬김을 계속 합니다. 크고 작은 섬김이 내가 누구인지를 깨닫게 합니다. 우리는 주께 속한 사람들입니다.

✚ 크든 작든 이러한 섬김은 주님이 주신 마음이고 주님의 일입니다. 내가 하는 것이 아니기 때문입니다. 성령의 감동 감화가 있는 것입니다. 이러한 섬김은 섬김을 받는 분에게도 유익하지만 동시에 섬기는 분에게도 큰 은혜입니다.

✚ 저는 압니다. 섬김이 축복입니다. 하나님이 베푸신 은혜에 대한 반응이 섬김이기 때문입니다.

✚ 그래서 바울 사도는 빌립보 교회가 풍족한 가운데 바울 사도를 도운 것이 아니라 어려움 중에서도 기쁨으로 헌신한 것을 알기에 거룩한 부담감을 가지고 이렇게 기도하게 됩니다.

"나의 하나님이 그리스도 예수 안에서 영광 가운데 그 풍성한 대로 너희 모든 쓸 것을 채우시리라"(빌 4:19).

✢ 저는 여러분이 누군가에게 거룩한 부담감을 주어서 그들이 하나님께 중보하게 되는 아름다운 '선물'이 되길 바랍니다.

# 신앙이란
# 고난과 고통의
# 부재가
# 결코 아닙니다

"예수님을 믿고서 더 힘들어진 것 같아요."
"하나님이 계신다면 어떻게 이런 일이 생기나요?"
"문제가 해결되고 좋아져야 하는데
여전히 어려움들이 사라지지 않습니다." …
삶의 고난을 계속 경험하거나
또 예수님을 믿은 이후에 삶이 더 힘들어진 이들이 하는 말입니다.
이런 문제를 어떻게 이해하면 좋을까요?

✚ 예수님을 믿으면 고난이 없다고 하는 것은 사실이 아닌 '희망 사항'입니다.

✚ 삶의 현실을 살펴보십시오. 예수님을 믿어도 고난, 고통, 고독은 현실 속에서 수시로 문을 두드리며 찾아오곤 합니다. 그때 "왜 나에게 이런 일이 일어나는 것일까?", "하나님이 나를 외면하시는 것일까?", "하나님은 과연 계신 것일까?" 이런 질문과 회의에 빠지게 됩니다.

✚ 그런데 조금만 다른 각도에서 본다면 신앙적 혼돈이나 회의에 빠지지 않게 됩니다. 이렇게 바라보는 것입니다. "예수님을 믿으면 고난은 있지만 그 고난을 이길 힘도 있다." 이것은 희망 사항이 아닌 엄연한 현실입니다.

✚ 세상은 자꾸 비교합니다. 시계를 따라 바쁘게 움직입니다. 그 자체가 고난의 연속입니다.

✚ 아이 때부터 자녀들에게 입힌 옷의 브랜드를 비교합니다. 유모차의 가격을 비교합니다. 초등학교 때부터 성적을 비교하기 시작합니다. 중, 고등학생이 되면 학군을 비교합니다. 내신을 비교합니다. 사람이 내신 등급으로, 학교 수준으로 분류되기 시작합니다. 대학을 가면 학교에 따라 일류대니 이류대니 삼류대니 하면서 비교합니

다. 입사를 하면 연봉에 따라서, 회사의 크기에 따라서, 직급에 따라서 비교합니다. 이것이 시계를 따라 사는 세상의 전형적인 모습입니다.

✚ 이러한 비교 의식 속에서는 고난을 이길 힘과 지혜가 나오지 않습니다. 비교 의식에 사로잡힌 대표적인 인물이 가인입니다. 하나님께서 가인에게 물으십니다. "네 아우가 어디에 있느냐?" 가인의 대답은 무엇이었습니까? "내가 아우를 지키는 자니이까?"

✚ 비교하고 죄에 빠진 인간은 무책임합니다. 무감각합니다. 무정합니다. 이것은 죄에 빠진 현대인의 자화상이기도 합니다. 가인의 살인 이후로 인류는 오직 경쟁하면서 서로를 물고 뜯고 속이고 죽이는 일이 되풀이 되었다는 것을 역사는 보여 줍니다.

✚ 우리는 하나님의 자녀입니다. 그런데 성경은 하나님의 자녀에게 고난이 없다고 표현하지 않습니다. 하나님의 자녀도 세상을 살아가노라면 상실의 아픔이 있습니다. 이별이 있고, 죽음이 있고, 사업의 실패가 있고, 관계의 깨어짐이 존재합니다. 그때마다 고통을 느끼곤 합니다.

✚ 살아가노라면 사기를 당하고, 이간질을 당하고, 허다한 긴장과 갈등 속에서 스트레스를 받습니다. 그 가운데 지치고 힘들고 때론 자포자기합니다. 심지어는 자기를 싫어하고 미워하기도 합니다. 이것이 현실 세계입니다. 이와 같이 끊임없이 상처를 주고받는 현실 세계 속에서 우리는 서 있습니다. 어디로 가야 할지 몰라 방황하기도 합니다.

✚ 그러면 신앙은 우리에게 어떤 의미가 있습니까? 좋은 신앙은 고난, 고통, 고독을 제거하는 것이 아니라 현실 세계의 고난, 고통, 고독의 문제를 하나님의 말씀으로 해석할 수 있는 힘을 줍니다.

✚ 말씀으로 현실을 해석하는 힘을 가진 사람은 하나님 중심성, 하나님 우선성이라는 렌즈를 통해 세상을 보며 그로 인해서 현실 세계 속에서의 선택과 결정을 보다 의미 있고 가치 있게 하게 됩니다.

✚ 신앙이란 고난과 고통의 부재가 결코 아닙니다. 그보다는 고난과 고통이 존재하는 현실 세계를 성경적 관점으로 해석하면서 갈 바를 알지 못하지만 믿음으로 걸음을 옮기게 합니다. 갈 바를 알지 못하나 말씀을 따라가면 한치 앞도 보이지 않았던 길이 때가 되면 보입니다. 말씀을 따라가면 사방으로 꽉 막혔던 길이 때가 차매 열립니다.

✚ 아브라함은 소망이 없었던 인생입니다. 그런데 하나님의 은혜로 택함을 받고 부르심을 받았습니다. 아브라함을 택하시고 부르시는 하나님께서는 이렇게 말씀하십니다.

"여호와께서 아브람에게 이르시되 너는 너의 고향과 친척과 아버지의 집을 떠나 내가 네게 보여 줄 땅으로 가라 내가 너로 큰 민족을 이루고 네게 복을 주어 네 이름을 창대하게 하리니 너는 복이 될지라 너를 축복하는 자에게는 내가 복을 내리고 너를 저주하는 자에게는 내가 저주하리니 땅의 모든 족속이 너로 말미암아 복을 얻을 것이라 하신지라"(창 12:1-3).

✚ 여기에는 어떤 구체적인 지도, 자세한 설계, 이해할 만한 어떤 설명서도 없습니다. 보여 줄 땅으로 가라는 지시와 복의 근원이 되게 하겠다는 약속만 있을 뿐입니다.

✚ 미래를 위한 보장성 실비 보험도 없습니다. 게다가 노년에 도움이 될법한 실버 보험도 없습니다. 국가에서 어느 정도 보장을 해 주거나 은행에서 지급해 주는 연금 제도도 없습니다. 동산과 부동산 서류 뭉치를 던져 주신 것도 아닙니다. 가야 할 목적지도 분명치 않습니다. 어쩌면 우리의 현실과 비슷합니다. 아무것도 보이지 않습니다. 어디로 가야 할지 헷갈립니다.

✚ 그런데 생각해 보십시오. 이런 상황에서 우리가 "주여! 믿습니다"라고 외치면 믿어지나요? 아닐 것입니다. "저도 믿고 싶어요. 그런데 믿어지지 않아요." 대부분은 이러할 것입니다. 그러면 그때에 어떻게 해야 합니까? 정말 하나님의 말씀이라면 단순한 순종이 필요합니다.

✚ 창세기 12장 4절은 하나님의 지시와 약속에 대한 아브라함의 반응을 이렇게 표현하고 있습니다.

> "이에 아브람이 여호와의 말씀을 따라갔고 롯도 그와 함께 갔으며 아브람이 하란을 떠날 때에 칠십오 세였더라"(창 12:4).

여기에서 핵심이 무엇입니까? 함께 간 사람입니까? 그의 나이입니까? 아닙니다. "여호와의 말씀을 따라갔고" 이것이 핵심입니다.

✚　이에 대한 신약 성경의 해석을 살펴보면 히브리서 11장 8절은 이렇게 말씀합니다.

> "믿음으로 아브라함은 부르심을 받았을 때에 순종하여 장래의 유업으로 받을 땅에 나아갈새 갈 바를 알지 못하고 나아갔으며"(히 11:8).

미래가 막연합니다. 막막합니다. 대책이 없습니다.

✚　성경은 분명히 "갈 바를 알지 못하고 나아갔다"라고 합니다. 어떻게 그것이 가능했을까요? "여호와의 말씀을 따라갔고"에 주목해야 합니다. 아브라함은 주님이 말씀하시니 그만큼만 믿음으로 나아간 것입니다. 주님 인도하신 그만큼만 순종하며 살았던 것입니다. 그것이 중요합니다. 아브라함은 하나님만 믿고 아주 '단순한 순종'을 지속, 반복한 것입니다. 이것이 신앙이 현실 세계에 주는 메시지입니다.

✚　크고 거창하지 않아도 좋습니다. 주님이 말씀하시는 그만큼만 나아가기도 하고 때때로 내가 원치 않아도 하나님이 말씀하셨다면 멈추기도 하면서 하나님께서 지시하신 대로 움직이다 보면 때가 차매 그 모든 것이 합력하여 주님의 뜻이 이루어집니다. 그때에 여러분의 모든 것이 아름답게 변할 것입니다. 이것이 신앙이 우리에게 주는 놀라운 선물입니다.

# 약함도
# 충분히
# 아름답습니다

인간은 누구나
'연약함'보다는 '강함'을 원합니다.
하지만 강하다는 것이
무조건 좋은 것만은 아닙니다.
하나님 앞에서 우리의 연약함이 드러날 때
비로소 내 고집과 자아를
모두 내려놓을 수 있게 됩니다.
야곱의 삶을 통해 약할 때 강함 되시는
하나님의 은혜를 이야기해 봅니다.

✚ 인간에게는 누구에게나 연약함이 있습니다. 육체적, 정서적, 영적, 관계적, 물질적 연약함으로 인해서 힘겨워합니다. 우리는 그 약함 때문에 고민합니다. 그 약함이 있어 고통스럽기도 합니다. 그 약함을 수치스러워 하고 부끄러워 숨기고자 애쓰기도 합니다.

✚ 그러나 그 약함의 자리에 머물러서 서야 할 그때가 있습니다.

✚ 야곱은 자신의 적나라한 약함을 직면해야 하는 순간을 맞이합니다. 모든 것이 발가벗겨지는 순간이 옵니다. 얍복 나루에서 그는 자신의 약함을 직면합니다.

✚ 얍복 나루에서 그는 인간적으로 할 수 있는 모든 방법을 다 사용합니다. 그는 처음에 그토록 추구하며 살았던 소유물을 떠나보냅니다. 그리고 최후의 순간에는 가족마저도 떠나보냅니다. 야곱은 가장 중요한 것을 가장 뒤에 떠나보냅니다. 끝까지 붙잡고 있을 것은 아무것도 없습니다.

✚ 약함의 자리는 우리에게 홀로서기를 요구합니다. 의지하고 의뢰하던 그 모든 것이 사라지는 순간, 있는 그대로의 자신을 봅니다.

✚   야곱은 그동안 성취의 싸움을 하면서 살았습니다. 그러나 야곱이 얍복 나루에서 씨름한 것은 성취의 싸움이 아닙니다. 그것은 존재의 싸움입니다. 내가 누구인지에 대한 싸움입니다. 하나님은 야곱에게 자신의 죄성을 직면시킨 것입니다. 야곱은 자신의 모습에 절망하고 좌절합니다.

✚   그는 자신의 소유를 모두 떠나보냈습니다. 최후에는 처자식까지도 떠나보내고 홀로 남습니다. 야곱은 주인 삼았던 모든 것을 내려놓고 주인 되시는 하나님 앞에 나아갔습니다. 그 순간이 치유의 시작이 되는 시간입니다. 나에게 소망이 없음을 눈뜨는 시간입니다. 하나님이 하나님 되심을 아는 시간입니다. 나의 나 됨을 아는 시간입니다. 그때에 브니엘을 경험합니다.

✚   브니엘은 '하나님의 얼굴'이란 의미를 가진 말입니다. 그것이 의미하는 바는 무엇일까요? 죄악 된 인간에게 필요한 것은 소유가 아닙니다. 힘이 아닙니다. 죄로 인해 망가진 영혼을 치유하고 회복시키는 유일한 길은 하나님의 얼굴에 있다는 것입니다.

✚   우리가 소유의 전쟁에서 '가치'의 전쟁으로 방향을 전환할 때 변화는 시작됩니다.

✚   소유는 일시적으로 행복을 줍니다. 그러나 가치가 바로잡히면 언제 어디서 무엇을 하든지 하나님 나라의 가치로 이어지고 그 모든 순간이 행복으로 연결됩니다. 브니엘은 사람 눈치 보기에 약삭빠른 야곱이 하나님의 관점으로 자신을 보면서 하나님께로 회귀가 일어난 곳입니다.

+ 야곱의 회복은 브니엘에서 시작됩니다. 인생의 회복은 브니엘에서 일어납니다.

+ 브니엘에서 그는 환도뼈가 위골됩니다. 그는 육체적으로 강했지만 브니엘을 지나면서 약해지고 말았습니다. 그는 절뚝거리며 고통의 벼랑 끝에서 하나님의 얼굴을 보았습니다.

+ 그 순간 약할 때 강함 되시는 은혜를 경험합니다. 그에게 약함은 더 이상 수치가 아닙니다. 부끄러움이 아닌 것입니다. 약함은 오히려 관계의 회복을 가져옵니다.

+ 형 에서는 절뚝거리며 걸어오는 동생 야곱을 보자 불쌍히 여기는 마음이 회복되었습니다. 자신을 속이고 이용하고 사기를 친 동생 야곱이 약함 가운데 있자 긍휼히 여기는 마음이 생기게 된 것입니다. 이것이 바로 은혜입니다.

+ 그리스도인이라면 성공하고 강한 자의 위치에 있어야만 하나님께 영광이 된다는 것은 뱀의 유혹입니다. 높은 자리에 있고 소유가 많아야만 존재 가치가 있다는 것은 거짓말입니다. 그것이야말로 영적 기만인 것입니다.

+ 약함이 우리에게 주는 메시지는 "너는 하나님이 아니다"라는 것입니다.

+ 약하면 약한 이들의 가슴 아픈 소리를 듣도록 영적 예민함을 회복시켜

주십니다. 약하면 하나님께로 더 가까이 나아가게 됩니다. 자신에게 절망해 본 사람만이 하나님의 은혜의 깊이를 경험하여 알게 됩니다.

✚ 사람은 자랑하는 말을 듣고 치유를 경험하지 못합니다. 오히려 약함을 나누고 약함 가운데 계신 주님을 보게 되면서 치유가 일어납니다. 하나님의 임재가 있는 곳에 치유가 있습니다. 회복이 있고 변화가 있습니다.

✚ 야곱을 만나면서 인생의 봄, 여름, 가을, 겨울을 봅니다. 봄의 신선함이 좋습니다. 여름철의 열정과 무한 도전이 좋습니다. 그런데 더 좋은 것은 가을철 무거운 나뭇잎을 떨어뜨리고 열매 맺는 것에 집중하기 위해 몸을 가볍게 하는, 점점 약해지는 그 모습이 좋습니다. 그리고 겨울이 오면서 죽은 것 같지만 그 속에 생명이 있고, 끝이라고 생각되는 지점에서 새로운 시작을 하는 것이 너무나 좋습니다.

✚ 하나님을 만나면 푹 절여집니다. 사기꾼, 싸움꾼, 승부사로 통했던 야곱이 하나님의 손에 의해서 은혜에 푹 절여지자 하나님 한 분만을 바라보는 인생이 됩니다. 수없이 추구했던 성취가 아니라 하나님의 뜻이 이루어지기를 갈망하는 인생이 됩니다.

✚ 약함이 있다면 하나님을 만나기까지 씨름을 멈추지 마십시오. '씨름하다'라는 의미의 히브리어 '아바크'는 '먼지를 일으키며 뛰어가다'라는 의미가 있습니다. 실제로 씨름을 하듯 밤새 매달리고 울부짖으며 기도하는 야곱의 필사적이고 처절한 모습에서 우리는 약할 때 강함 되시는 하나님의 얼굴을

볼 수 있습니다.

"그가 브니엘을 지날 때에 해가 돋았고 그의 허벅다리로 말미암아 절었더라"
(창 32:31).

✚ 어두운 밤일지라도 씨름을 해야 합니다. 그 씨름은 결코 편안하지 않습니다. 고통스러운 시간입니다. 야곱이 절었다는 것은 그의 씨름이 환상이나 허위나 상상이 아님을 보여 줍니다. 그는 자신에게 절망했기에 은혜를 간절히 구한 것입니다.

✚ 자신에게 절망해 본 사람은 하나님의 은혜에 모든 것을 던집니다. 그들은 밤새 부르짖습니다. 작정하고 기도합니다.

✚ 약함은 부끄러운 일이 아닙니다. 하나님 앞에 약함을 부끄러워하기 보다는 은혜의 빈약함을 부끄러워하십시오. 은혜로 채워진 인생은 약함도 충분히 아름답습니다.

# 결핍에
# 집중하지 말고
# 예수님께 집중하라

우리는 결핍의 시대를 살고 있습니다.
광고를 통해 결핍은 불행하다고 들으며 살다 보니
누구나 다 '난 불행하다'고 느끼며 살아갑니다.
그런데 정말 결핍이 불행한 것인가요?
결핍의 시대를 맞이한 우리가 집중해야 할
문제는 무엇인지 함께 나누어 봅니다.

✦ 가만 생각해 보면 결핍은 우리에게 불편을 줍니다. 그런데 때로는 결핍이 주는 행복도 있습니다. 결핍이 불편한 것이기는 해도 그것을 불행하다고 표현하지 말았으면 좋겠습니다.

✦ 아프리카에 갔을 때 저는 물 당번을 했습니다. 거리가 먼 계곡에서 물을 퍼 담아서 날랐습니다. 무척 고되었습니다. 수도나 전기가 없기에 불편하였습니다. 그리고 위생의 관점에서 볼 때 형편이 없었습니다. 그런데 그곳에서 삶이 고단한 아프리카 사람들의 삶이 보였습니다. 졸졸졸 흐르는 계곡물의 소중함을 느끼게 되었습니다.

✦ 결핍 속에서 평소에는 몰랐던 작고 사소한 일들의 행복이 보이기 시작했습니다. 작은 일에도 감사가 회복되었습니다. 크고 화려한 조명도 없고 편안한 시설도 없는 그곳에서 자연의 흐름에 함께 순응하며 더불어 살아가는 법을 배웠습니다. 무엇보다 '다른 것은 틀린 것이 아니다'라는 깨달음도 얻었습니다.

✦ 저의 관점으로 아프리카 사람들을 평가하기보다는 있는 그대로를 보니까 그들이 더욱 아름답게 보이기 시작했습니다. 게으름의 관점으로 보았던 것이 삶의 관점으로 재해석되었습니다.

✚ 언젠가 오병이어 현장을 묵상해 본 적이 있습니다. 자세히 보면 다양한 사람이 보입니다.

✚ 그곳에는 결핍에 초점을 맞추는 사람들이 보입니다. 그들은 많은 수를 봅니다. 굶주림을 해결하는 데 필요한 양식이 200데나리온 이상이라는 물질적 필요를 봅니다. 빈 들을 본 것입니다. 광야에서 먹을거리가 없음을 보았습니다.

✚ 계산은 빠릅니다. 현실도 정확하게 분석합니다. 틀린 말이 아니라 바른 말을 합니다. 그런데 왜 대안이 되지는 못할까요?

✚ 이들에게는 없는 것이 있습니다. 예수님이 누구신지를 보지 못합니다. 창조주 하나님을 보지 못합니다. 굶주림으로 허기진 영혼의 아픔은 보지 못합니다. 그러니 나의 틀 안에서만 보는 것입니다.

✚ 문제 앞에 해결을 위해서 헌신하는 대신에 문제에 대해서 떠들기만 하는 사람들이 있습니다. 시끄럽습니다. 비난에 익숙한 사람들입니다. 비판에 빠릅니다. 빈정거립니다. 문제를 콕 찍어 냅니다. 그러나 그 이상의 헌신은 없습니다.

✚ 그런데 어디서든지 문제를 해결하려고 헌신하는 이들이 있습니다. 작은 것이라도 힘을 보태는 사람이 있습니다. 작은 힘이라도 함께하는 이들이 있습니다.

+ 인생의 빈 들에서 인간은 누구나 곤고합니다. 특히 인생의 밤이 다가오면 어두움이 우리를 질식시킵니다. 굶주림은 우리를 초라하게 만듭니다. 하지만 예수님은 문제의 해결자이십니다.

+ 예수님은 말씀하십니다.

> "예수께서 이르시되 너희가 먹을 것을 주라 하시니…"(눅 9:13).

무척 당황스러운 말씀입니다. 아무것도 없는 결핍의 상황인데 무슨 수로 그 일을 한단 말입니까?

+ 이러한 말씀 이면에는 놓치지 말아야 하는 것이 있습니다.

> "예수께서 나오사 큰 무리를 보시고 그 목자 없는 양 같음으로 인하여 불쌍히 여기사 이에 여러 가지로 가르치시더라"(막 6:34).

예수님의 오병이어 기적의 출발점이 여기에 있습니다. 불쌍히 여기는 데서 문제 해결은 시작됩니다.

+ 또한 주목해야 하는 말씀이 있습니다.

> "무리가 알고 따라왔거늘 예수께서 그들을 영접하사 하나님 나라의 일을 이야기하시며 병 고칠 자들은 고치시더라"(눅 9:11).

✚ 오병이어 기적이 단순히 배고픔의 문제를 해결하는 것이 아니라는 것입니다. 그것은 하나님 나라 운동의 연속 선상에서 보아야 한다는 것입니다.

✚ 이 하나님 나라 이야기는 결코 결핍에서 끝나지 않습니다.

"여기 한 아이가 있어 보리떡 다섯 개와 물고기 두 마리를 가지고 있나이다…" (요 6:9).

이것은 엄청난 수의 인원에 비하면 너무 적습니다. 그래서 안드레는 예수님께 반문합니다.

"… 그러나 그것이 이 많은 사람에게 얼마나 되겠사옵나이까"(요 6:9).

✚ 그런데 여기에 예수님이 계십니다. 그런 까닭에 이 이야기는 결핍에서 끝나는 것이 아니라 새로운 창조의 역사로 나아갑니다. 축사를 하시고 나누고 먹게 합니다.

"먹은 사람은 여자와 어린이 외에 오천 명이나 되었더라"(마 14:21).

✚ 여기에서 우리가 집중해서 보아야 하는 것은 무엇일까요? 엄청난 분량의 떡과 고기가 아닙니다. 떡과 고기로 배불리 먹었던 수많은 인파도 아닙니다.

✚ 오병이어 기적은 작은 것이지만 내게 있는 것을 내어놓은 한 아이의 헌신을 볼 수 있어야 합니다. 하나님 나라 이야기가 영웅담이 아니라 일상의 이야기임을 놓치지 말아야 하는 이유가 여기에 있습니다. 우리가 해야 하는 일은 비전이란 거창한 구호를 외치고 사람들이 보기에 크고 화려한 일을 하는 것이 아닙니다. 하나님을 향한 작고 사소한 일상의 헌신이 소중한 것입니다.

✚ 그런 면에서 오병이어의 기적보다 더 마음이 가야 하는 것은 예수님이 무리를 불쌍히 여기시는 마음입니다. 오병이어의 기적 자체보다는 그 기적을 행하신 예수님이 누구신가 하는 것을 생각해야 합니다. 당신에게 예수님은 누구신가요?

✚ 예수님이 누구신가를 안다면 문제 앞에서 결핍에만 집중하지 말고 예수님께 집중하십시오.

PART 2

# 결혼해도 괜찮다, 괜찮아

이성 교제와 결혼을 정말 원하십니까?
하나님께서 예비하신 사람이 정말 있을까요?
때를 놓치지 말고, 때를 기다리고, 때를 정하라
결혼해도 괜찮다, 괜찮아
결혼은 이벤트가 아니라 삶입니다
딸아, 이런 형제를 만나거든 바로 그 사람이라고 생각해도 좋다
아들아, 이런 자매를 만나거든 네 모든 것을 아낌없이 주거라
진상이 되지 말고 진실한 이성 교제를 하라
교회에 성(城)을 쌓지 않고 성(聖)스러운 성(性)을 말하다

# 이성 교제와 결혼을 정말 원하십니까?

'결혼, 불신자와 결혼을 해서는 안 된다.'
'결혼, 돈 없으면 안 된다.'
'결혼, 기도 제목과 매칭이 안 되어서 안 된다.'
'결혼, 조건이 안 맞아서 안 된다.'…
정말 우리는 결혼을 원하는 것일까요?
이성 교제와 결혼이 핫이슈이지만
한번쯤은 진지하게 자문자답을 해 보아야 합니다.
이성 교제와 결혼을 정말 원하십니까?

✚  청년들과 결혼 문제에 대해서 상담을 하다 보면, 자신이 답을 이미 정하고 와서 그 답을 말해 주기를 바라는 경우가 많습니다.

✚  결혼 상담의 상당수는 가능성에 초점을 맞추기보다는 결혼이 불가능한 이유를 찾곤 합니다. 결혼이 어려운 이유 10가지, 20가지, 50가지를 적는 것은 쉽습니다. 그러나 이 모든 장애물을 넘어서는 것이 어렵지만 가치 있고 의미 있는 도전이란 생각을 해 봅니다.

✚  이성 교제와 결혼을 원한다면 무엇보다 결혼에 대해 부정적인 생각보다도 긍정적이고 적극적인 태도가 필요합니다. 그래서 함께 고민해 보기를 원합니다.

✚  '결혼, 불신자와 결혼해서는 안 된다.' 목회자의 깊은 고민이 여기에 있습니다. 현실은 교회 안에서 자매와 형제의 비율이 일반적으로 7:3, 심지어는 8:2인 경우가 많습니다. 그러면 믿는 형제와 100% 결혼을 한다고 해도 10명의 자매 가운데 적게는 4명, 많게는 6명이 독신으로 살아야 하는지에 대해 생각해 볼 필요가 있습니다.

✚  저는 자매들에게 불신자라도 마음이 착하고 성품이 믿음직하다면 교제를 권합니다. 그리고 대상자에게 복음

을 나누라고 합니다. 만일 우리의 중심이 확실하고 예수님이 우리 안에 계셔서 삶에 하나님의 선한 영향력이 흘러간다면 그 형제는 반드시 변할 것이라 생각합니다. 그리고 가급적이면 세례를 받게 하고 결혼을 하도록 격려합니다. 기준을 확실히 지키면서 교제를 한다면 저는 이렇게 말해 주고 싶습니다. "가서 제자 삼으라."

✚ 결혼, 돈이 없어서 못한다는 말도 틀린 말은 아닙니다. 자본주의 사회에서 돈이 없으면 궁색해지고 궁핍하게 느낄 수 있다는 것을 압니다. 돈이 없으면 월세든 전세든 얻기 어려운 것도 사실입니다. 그런데 결혼하지 않는다고 돈을 모을 수 있는 것은 아닙니다. 작은 월세방이라도 구해서 함께 만들어 가는 것을 권합니다.

✚ 아침편지를 발행하시는 고도원 님은 작은 월세 단칸방에서 시작을 했습니다. 함께 키워가고 가꾸는 즐거움을 경험했다고 고백합니다. 함께 힘을 모아서 미래를 만들어 가는 것도 그리 나쁘진 않습니다. 다른 사람에게 보이기 위해서 결혼을 하는 것이 아닙니다. 두 사람이 사랑함으로 한 길을 가기 위한 것이라면 부족함 가운데 있을지라도 함께 만들어 가십시오.

✚ 어떤 형제 자매는 자신의 배우자를 위한 기도 제목이 10가지인데 그중에 2-3가지가 맞지 않는다고 고민을 합니다. 그러면 저는 권면합니다. "독신의 은사를 받지 않았다면 그 종이를 찢어 버려라." 이건 왜입니까?

✚ 저는 청년의 때, 선배들로부터 자신의 배우자를 위한 기도 제목을 목록

으로 만들어 기도하면서 기도 목록에 맞는 사람을 찾는다는 말을 숱하게 들어왔습니다. 그리고 정말 딱 맞는 형제 자매를 만나서 결혼을 한다는 간증(?)을 듣곤 했습니다. 그런데 결혼을 한 이후에 그 말이 점점 쏙 들어갑니다. 완벽한 사람은 없기 때문입니다.

✚ 배우자를 위한 기도 제목 목록을 들여다보십시오. 이기적이고 남에게 보이기 위한 내용이라면 과감하게 삭제하십시오. 그 후에 기도하십시오. 그리고 10개 중에서 10개가 아니라 5개 이상이면 그것으로 족하다고 생각합니다. 어떤 의미에서 기도 목록에 적혀 있는 나의 기준은 상당히 높은 기준일 수 있습니다. 그러나 결혼 생활은 천국이 아니라 알콩달콩 하기도 하면서 동시에 아옹다옹하기도 하는 엄연한 현실 세계입니다.

✚ 기도 목록 10가지보다 더 중요한 것은 서로 계속 조율하고 조정하면서 함께 화음을 만들어 가는 지혜입니다. 함께 산다는 것은 처음부터 완벽은 없습니다. 그러나 불협화음을 조율하는 능력은 꼭 필요합니다. 인생의 사계절을 경험해 보라는 것은 인생을 조율하면서 즐기는 능력을 살펴보라는 것입니다.

✚ 결혼을 하려고 생각하면 조건이 안 맞는 경우가 많습니다. 이런 경우 부모님들이 반대를 많이 합니다. 조건의 차이가 너무 많이 난다면 틀림없이 긴장과 갈등이 생길 가능성이 크다는 것은 인정해야 합니다.

✚ 학력, 직업, 나이, 집안, 연봉… 세상에는 수많은 조건이 있습니다. 이러

한 조건은 잠재적으로 서로에게 걸림돌이 되기도 합니다. 그런 경우엔 신앙과 성품이 아주 중요합니다.

✚ 정직하게 말해서 신앙과 성품에 대해서 후한 점수를 줄 수 없다면 여러 어려움을 경험하면서 헤쳐 나가기가 쉽지 않을 것입니다. 그러나 하나님을 진심과 전심으로 경외함으로 성장해 가는 사람이고 성령의 열매로 빚어져 가는 '사랑, 희락, 화평, 오래 참음, 자비, 양선, 충성, 온유, 절제'와 같은 성품이 형성되어 있다면 그 형제 자매는 믿을 수 있을 것입니다.

✚ 그런 경우에는 어떤 장애물도 넘어서 축복의 사람으로 빚어질 수 있습니다. 그런 의미에서 조건보다 중요한 것은 신앙과 성품일 것입니다.

✚ 끝으로 자매들이여, 여러분의 기준을 백마를 탄 왕자에 두지 마십시오. 형제들이여, 바보 온달을 장군으로 만들어 줄 평강 공주에 여러분의 기준을 두지 마십시오. 차라리 여러분이 바보 온달을 도와서 장군으로 만들겠다고 결심하는 것이 더 현실적입니다. 여러분이 멋진 사람이 되어 신데렐라를 도와서 그 아름다움이 빛나도록 돕겠다고 결심하는 것이 더욱 좋을 것입니다.

✚ 배우자에 대한 기대치를 높이기보다는 나 자신을 먼저 준비시키는 것이 필요하다는 사실을 기억하십시오.

✚ 하나님이 만든 결혼 제도는 바라는 배필이 아닌 돕는 배필입니다. 우리는 많은 조건을 내걸고 결사적으로 기도하면서 바라는 배필을 달라고 떼를

쓰고 끊임없이 요구를 하면서도 정작 돕는 배필에 대해서는 깊이 묵상하거나 기도하지 않습니다.

✚ 성경은 말씀합니다.

> "여호와 하나님이 이르시되 사람이 혼자 사는 것이 좋지 아니하니 내가 그를 위하여 돕는 배필을 지으리라 하시니라"(창 2:18).

하나님은 누군가를 위하여 우리를 돕는 배필로 준비시키십니다. 바라는 배필만 찾지 마시고 돕는 배필로 자신을 준비하십시오. 선택은 지혜로워야 합니다. 무엇보다 중심부를 보는 분별력이 절대적으로 필요합니다.

✚ 그리고 내가 준비된다면 나를 알아보는 사람이 생길 것입니다. 더 나아가 내가 준비된다면 내가 도와서 꽃을 피우도록 할 바로 그 형제 자매가 보일 것입니다. 결혼의 의미는 돕는 배필에 있음을 놓치지 마십시오.

# 하나님께서 예비하신 사람이 정말 있을까요?

종종 청년들은 배우자에 관해,
하나님이 예비하신 사람이 있는지,
만약 그렇다면 어떻게 알아볼 수 있는지에 대한
질문을 많이 하곤 합니다.
좋은 답을 해 주기가 참 쉽지 않은 질문입니다.
저 자신조차도 수없이 했던 질문이기도 합니다.
그 고민에 대한 정리를 나누어 봅니다.

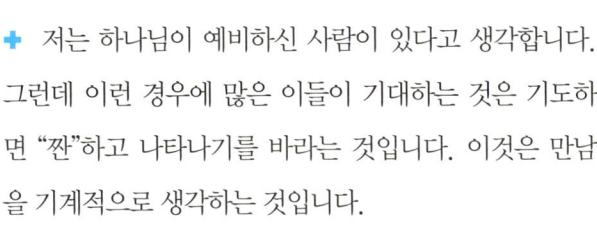

✛ 저는 하나님이 예비하신 사람이 있다고 생각합니다. 그런데 이런 경우에 많은 이들이 기대하는 것은 기도하면 "짠"하고 나타나기를 바라는 것입니다. 이것은 만남을 기계적으로 생각하는 것입니다.

✛ 그러나 예비하심은 기계적이라기보다는 섭리의 측면이 강하다고 생각합니다.

✛ 하나님은 우리를 꼭두각시처럼 조정하시지 않습니다. 우리를 꼭두각시처럼 인격도 없고 조정하는 대로 움직이는 장난감처럼 만드시지 않았습니다. 그래서 배우자와의 만남도 하나님께서 무조건 기계적으로 정해 주시는 것이 아닙니다.

✛ 오히려 하나님의 인도하심과 우리의 인격적인 반응 속에서 빚어 가시며, 하나님의 섭리 속에서 만남을 허락하시고 우리의 의견을 존중하십니다.

✛ 그러니까 하나님의 예비하심을 알아 가는 방법은 전인격적이라고 볼 수 있습니다. 우리는 하나님께서 예비하신 만남을 알아 가기 위해서 아브라함의 종처럼 최소한의 기준을 가지고 분별하는 것이 필요합니다.

✢ 어떻게 분별합니까? 저의 경우에는 배우자란 '돕는 배필'이라는 기준을 가지고 분별했습니다. 많은 기준보다는 단순하게 세 가지를 적용했습니다.

✢ 첫째, 이 사람을 만나면 내가 정서적으로 충전되는가? 만일 만나면 만날수록 복잡하고 방전이 일어나고 걱정과 근심의 풍랑이 계속 일어난다면 그 사람은 아니라고 봅니다. 저는 서민적이고 연약한 사람들을 향한 긍휼과 섬김의 자리에 있을 때 정서적으로 충전됐습니다. 어느 가수의 노래처럼 강남 스타일이나 차도녀 스타일은 제 스타일이 아니었던 것이지요.

✢ 둘째, 이 사람을 만나면 내가 더 좋은 사람이 되어서 이 사람을 행복하게 해 주고 싶은가? 내가 돕는 배필로서 배우자가 될 만한 누군가를 만났을 때, 여러 측면에서 쇠퇴하거나 정체한다면 그 사람은 아니라고 봅니다. 오히려 계속 힘써 진보해 나가고자 하는 마음의 소원이 생겨야 한다고 생각합니다.

✢ 연약함과 부족함이 여전히 존재하지만 서로를 도와서 조금씩 좋은 방향으로 완성해 가는 것입니다. 어떤 사람을 만나면서 타락하고 부패하고 결국 쾌락을 즐기고 방황하는 경우, 그 만남은 삼손과 들릴라와의 만남이 되고 맙니다.

✢ 셋째, 만나면 만날수록 평안한가? 만일 예비하신 짝이 아니라면 평안이 없을 것이라고 생각합니다. 수준의 차이가 있겠지만 평안과 확신이 꼭 필요합니다. 그러나 100% 평안이란 없습니다. 결혼을 하는 그 순간까지도 불안

이 있습니다. 그러므로 성향, 성품, 성격을 중시하라는 것입니다.

✚ 이러한 세 가지 분별의 기준을 적용한다고 해도 마지막으로 교제하면서 계속해야 하는 작업이 있습니다. 그것은 '조율'이라는 작업입니다.

✚ 살아가노라면 가장 필요한 것은 '서로를 잘 조율하는 작업'입니다. 서로를 인정하고 존중하면서 크고 작은 의견의 차이나 다툼을 편안하게 조율하면서 조정해 가는 작업을 반드시 거쳐야 합니다. '조율과 조정 작업'이 아예 되지 않는다면 반드시 심각한 결과들을 경험할 가능성이 커집니다. 결혼 생활이란 함께 만들어 가는 것이기 때문입니다.

✚ 저는 결혼을 하려는 청년들에게 반드시 이것을 말해 줍니다. 좋은 악기일수록 민감합니다. 그만큼 민감성을 갖추지 않으면 상처 받기 쉽습니다. 좋은 악기일수록 조율하는 시간을 반드시 가집니다.

✚ 조율하는 시간을 통해 점점 더 좋은 소리를 내고 솔로가 아닌 듀엣이 되어서 내는 소리는 조율을 통해서 더욱 아름다운 하모니를 이루는 것입니다.

✚ 하나님의 예비하심을 알아가는 과정에는 우리의 자유 의지를 사용하십니다. 하나님이 예비해 주신 바로 그 사람은 있다고 생각하지만 동시에 하나님은 우리에게 인격적인 자유를 허락하시기에 공식처럼 예비하신 사람을 만나게 되는 경우는 드물고 우리의 자유 의지 영역을 사용하셔서 만나게 해 주신다고 생각합니다.

✚ 하나님은 우리를 결코 기계로 대하시지 않습니다. 인격으로 대하십니다. 사랑과 결혼 생활이라는 것은 딱 정해진 수학 공식에 가깝기보다는 어떤 일을 경험할지 모르는 여행에 가깝습니다.

✚ 여행을 하면서 우리는 다양한 경험을 합니다. 예측 불허의 순간들을 경험하기도 합니다. 그때마다 중요한 것은 인격적인 선택과 결정을 통해 행동하는 것입니다. 그러한 순간들을 통해 여행은 흥미진진하면서 점점 완성되어져 가는 것입니다.

✚ 저의 경우도 예비하심과 자유 의지라는 두 가지 문제로 고민하면서 기도를 많이 했지만 동시에 누군가를 만나기에 힘쓰고 서른 번의 소개팅과 만남도 포기치 않고 계속했습니다. 부끄러움을 많이 타는 저로서는 기도와 더불어 실제적인 엄청난 노력도 함께 한 것입니다.

✚ 그래서 "바로 이사람이구나" 하는 사람을 만났고 결혼을 하였습니다. 결국 하나님의 예비하심과 자유 의지인 포기치 않는 노력이 만난 셈입니다. 여러분에게도 배우자를 찾아가는 여행의 과정에 하나님의 은혜가 부어지길 기도합니다.

✚ 끝으로, 반드시 기억하십시오. 결혼의 문제에 있어서도 구원과 성화의 문제처럼 하나님께서 마음의 소원을 주시면서 동시에 우리의 반응도 중시하십니다.

"너희 안에서 행하시는 이는 하나님이시니 자기의 기쁘신 뜻을 위하여 너희에게 소원을 두고 행하게 하시나니"(빌 2:13).

✚ 열심히 기도하십시오. 꼭두각시처럼 편하고 쉬운 만남을 생각하지 마십시오. 기도하면서 신앙과 삶이 어우러지고 가치와 의미를 찾아가면서 하나님이 주시는 마음의 소원을 따라가십시오. 그리고 하나님께서 주신 마음의 소원을 따라 행함이 있는 믿음으로 연결하십시오. 하나님이 예비하신 바로 그 사람을 만나는 은혜가 있을 것입니다.

# 때를 놓치지 말고,
# 때를 기다리고,
# 때를 정하라

언젠가 기도원에서 묵상과 기도를 하면서 머물고 있었습니다.
밤 12시가 넘은 시간인데 익숙한 소리들이 들려옵니다.
알고 보니 제자인 세 명의 자매가
배우자에 대해 기도하고 있었습니다.
그날 밤 그 세 명의 자매들을 대상으로
미니 테마 세미나를 열었습니다.
그것은 주로 '배우자를 만나는 때'에 대한 것이었습니다.
만남의 때와 시기에 대해 나누어 봅니다.

✚ 청년들이 묻습니다. "제 배우자는 언제쯤 나타날까요?" 저의 대답은 "나도 모른다"입니다. 저는 목회자이지 점쟁이가 아니고 또 점쟁이들처럼 사람들의 소중한 미래에 대해서 감놔라 배놔라 함부로 말하고 싶지도 않기 때문입니다.

✚ 청년들은 자신들의 불안한 미래를 알고 싶은 호기심이 있습니다. 그런데 그것을 점보는 식으로 말하는 것은 하나님의 형상을 닮은 인간에 대한 모독이라고 생각합니다. 그러나 궁금한 것은 못 참는 것이 청년입니다. 그래서 청년들의 호기심을 정죄하기보다는 잘 풀어서 해석해 줄 필요가 있습니다.

✚ 사실 청년들에게 있어서 배우자와의 만남은 초미의 관심사입니다. 모든 대화는 다양하게 시작을 하여도 결론은 다 이성 교제와 배우자 문제로 끝나는 소위 '깔때기론'이란 것이 청년의 때에는 분명히 존재합니다.

✚ 배우자는 언제쯤 나타날지 궁금해 하는 청년들의 정직한 질문에 정답을 말하기보다는 세 가지 관점을 나누고 싶습니다.

✚ 첫째, 때를 놓치지 말라는 것입니다. 여러분이 좋아

하는 사람을 만나게 되는 경우에, 그리고 서로가 서로에게 호감이 있다면 교제를 권합니다. 지킬 것만 명확하게 지킨다면 플러스 인생으로 남을 것입니다. 사람마다 다르지만 호감 가는 사람을 만나기란 그리 쉽지 않습니다.

✚ 기회가 주어진다면 지혜롭게 호감을 표현하십시오. 그리고 교제의 기회를 선물로 주신다면 하나님 안에서 깨끗한 교제를 하십시오. 서로에게 축복이 될 것입니다.

"범사에 기한이 있고 천하만사가 다 때가 있나니"(전 3:1).

✚ 둘째, 때를 기다리라는 것입니다. 좋아하는 사람을 만난다 하더라도 그 사람과 일생을 함께 할 가능성이 100%가 아님을 겸손하게 인정해야 합니다. 사람은 연약한 존재입니다. 그래서 서로의 연약함이 충돌하는 경우에 헤어짐이 이성 교제에서 자연스러운 과정으로 존재합니다.

✚ 혹시라도 헤어짐으로 인해 상처를 받았다면 절대 자신을 탓하지 마세요. 헤어짐이란 단어를 사랑과 교제의 과정으로 생각하십시오. 또한 헤어짐의 상처 때문에 웅크리고 있거나 자기 자신을 학대하지 마십시오. 틀림없이 때가 되면 바로 그 사람을 만날 것입니다.

✚ 무엇보다 열린 마음으로 때를 기다려야 합니다. 너무 성급하게 만남을 서두르지도 말고 지나치게 조심스러워서 만남을 너무 두려워하지도 마십시오. 헤어짐은 아직 때가 아니라는 신호일 뿐입니다. 지금 빨간 불이어도 곧

파란불이 들어올 것입니다. 그러면 그때가 브레이크를 밟고 있던 발을 떼어서 옮겨 액셀러레이터를 밟아야 할 때입니다.

"범사에 기한이 있고 천하만사가 다 때가 있나니"(전 3:1).

✚ 셋째, 때를 정하라는 것입니다. 이 말의 의미는 적극적이어야 한다는 것입니다. 범사에 때가 있다는 것은 때를 정하고 노력을 할 필요성이 있음을 의미합니다. 동시에 때를 정한다는 의미는 결국 주님의 시간에 주님의 뜻이 이뤄지리라는 확신에서 출발합니다. 그것은 하나님의 영역은 하나님께 의지하고 의탁하면서 내가 해야 할 영역에서는 최선을 다한다는 의미입니다.

✚ 이러한 노력에는 방향성과 목적이 분명해야 합니다. 일단 이성 교제를 원한다면 이성이 있는 곳으로 가십시오. 그리고 적극적인 주파수 대역을 맞추는 작업을 해야 합니다. 그 과정에서 잡음으로 귀가 따가울 때도 있겠지만 그 소리를 참아 내야 합니다.

✚ 때를 정해서 적극적으로 노력하십시오. 공동체 활동, 교사 활동, 성가대 활동, 동아리 활동, 봉사 활동, 선교 활동… 이 모든 과정을 통해서 바로 그 사람을 만나게 될 가능성이 열려 있어야 합니다.

"범사에 기한이 있고 천하만사가 다 때가 있나니"(전 3:1).

✚ 아니 무슨 교회가 연애당인가요? 이런 돌직구를 던지신다면 기꺼이 감

수하겠습니다. 저는 교회가 연애에 대해 기준과 원칙은 있지만 동시에 열려진 곳이어야 한다고 생각합니다. 일정한 기준(형제 27세, 자매 25세) 이상이라면 교회를 연애당으로 만들어도 용서가 됩니다. 그러나 질서 있게 해야 합니다. 본질을 잃어버리고 계절 따라 연애의 대상이 바뀐다면 그것은 혼돈하고 공허한 인생입니다.

✚ 질서를 따라 교제를 한다면 세 번의 기회까지는 서로 인정하고 용납하는 분위기가 필요합니다. 안타깝게도 많은 공동체에서는 단 한번 있었던 교제의 실패는 곧바로 주홍글씨로 이어집니다. 우리에겐 시행착오를 인정하는 성숙한 마음도 필요합니다.

✚ 저의 경우에는 좋아하는 상대가 공동체에 있으면 와서 말하도록 했습니다. 그러면 지명을 한 그 지체에게 찾아가서 의뢰한 형제나 자매가 누구인지는 비밀로 하고서 혹시 마음에 둔 지체가 있으면 5명을 말하라고 요청을 했습니다. 그때 명단에 이름이 없으면 의뢰한 형제나 자매에게 다른 지체를 찾아보도록 했고 그 명단에 의뢰한 지체의 이름이 있으면 은밀한 가운데 불러서 서로를 알아 가는 일정한 시간(짧게는 한 달 길게는 석 달 정도)을 가지도록 했습니다. 그 이후에 교제를 할 의사가 있으면 공동체에 알리고 서로의 마음이 엇갈리면 교제 단계 이전에 멈추고 제 갈 길로 가되, 서로에 대해서 좋은 관계로 매듭을 짓도록 하였습니다. 이것은 하나의 예입니다.

✚ 서두에서 말했던 기도원에서 기도를 하던 자매들은 때를 놓치지 않았고, 때를 기다렸고, 때를 정하며 기도하고 행동을 했기에 지금은 모두 행복

한 가정을 이루었습니다. 가끔 그때를 회상하면 웃음이 나옵니다. 너무나 소중한 형제 자매들이 기도만 합니다. 그런데 결혼을 위해서는 행동하는 믿음이 필요함을 기억해야 합니다.

✚ 기도하지 않고 행동만 하는 경우에는 쾌락으로 향하여서 불장난만 하거나 불꽃놀이만 하다가 사라지는 늑대와 여우들이 많습니다. 시행착오와 달리 의도적이고 반복적인 것은 심히 악한 일입니다.

✚ 참고로 스스로 나이에 대해 너무 제한하거나 묶어 두지는 마십시오. 나이는 하나의 고정관념입니다. 이성 교제나 결혼도 때가 있습니다. 저도 38살에 바로 그 사람을 만났고 그 사랑을 하게 되었고 하나님이 인도하신 때에 결혼을 했습니다. 물론 독신에 대해서까지도 열린 마음이 있었습니다.

✚ 20대든지, 30대든지, 40대든지, 50대든지, 60대든지 하나님의 때가 가장 적당한 때입니다. 미혼도, 기혼도, 독신도 모두 하나님의 은혜의 때이기 때문입니다. 우리는 자꾸만 결혼의 여부를 하나님의 축복으로 연결하려고 합니다. 그러나 기혼도, 미혼도, 독신도 모든 것이 다 하나님께 영광이 됩니다. 그러한 마음이 자족이며 그 마음에서 피어나는 꽃이 자부심입니다. 이러한 자부심을 버리지 말아야 합니다.

✚ 청년이여, 때를 놓치지 말고, 때를 기다리고, 때를 정하십시오.

"범사에 기한이 있고 천하만사가 다 때가 있나니"(전 3:1).

# 결혼해도 괜찮다, 괜찮아

청년들과 이야기를 나누다 보면
결혼을 하기 어려운 이유 가운데
단연 경제 문제가 1위를 차지합니다.
그런데 경제 문제라는 것은 복잡하게 꼬여 있어서
청년들의 힘으로는 풀기 어려운 숙제입니다.
그렇다면 경제적으로 힘들다는 이유로
결혼을 포기해야 할까요?
결혼을 위해 무엇을 생각해야 할지 나누어 봅니다.

✛ 한번은 정말 좋은 형제 자매라고 생각되는 커플이 계속해서 결혼을 늦추는 것을 보았습니다. 만나서 이야기를 나누어 보니 경제적인 문제로 자신감이 없었습니다. 그래서 결혼은 돈으로 하는 것이 아니라 사랑으로 하는 것이라며 따끔하게 일침을 가한 적이 있습니다.

✛ 우리 시대에는 결혼 문화에 대해서도 거룩한 저항이 필요한 시대입니다. 우리 시대를 관통하는 흐름은 물질주의와 쾌락주의와 개인주의입니다.

✛ '돈 없으면 결혼 못한다', '연애를 하면서 쾌락을 즐기자', '개인적으로 나만이라도 잘 챙기자'… 이런 생각을 거부해야 합니다.

✛ 돈 없이 결혼하면 힘든 것은 사실입니다. 남들에게 경제적으로 초라한 모습을 보이기 싫다고 느끼는 것도 이해됩니다. 그런데 그것조차도 광고가 만들어 낸 거품 현상입니다. 광고는 언제나 보암직한 것을 부추겨서 소비하게 만들기 때문입니다.

✛ 결혼은 광고가 아닙니다. 결혼은 소비도 아닙니다. 결혼이란 사랑의 결실입니다. 사랑하기에 한길을 걷기로 선택하고 결정하고 실행하는 것이 결혼입니다. 결혼을

하면서 고속도로만 주행하겠다는 것은 어쩌면 욕심일 것입니다.

✚ 결혼의 실상은 경제적으로뿐만 아니라 가정과 가문이 만나고 가치와 비전이 만나고 성격과 성향이 만나는 허다한 충돌이 이어지는 크고 작은 산과 골짜기를 여행하는 것과 같습니다. 고속도로만 달리는 것이 아니라 울퉁불퉁한 길도 지나고 오솔길도 지나고 국도로 빠지기도 하고 때로는 길을 잃고 방황하기도 합니다.

✚ 그래서 결혼을 하려면 경제력보다도 더 중요하게 생각해야 할 것이 사람됨이란 생각이 듭니다. 사람됨을 말하면 성격, 성향, 성품이 중요할 것입니다. 이 세 가지는 어지간해서는 변하지 않습니다. 그래서 늘 부정적인 사람보다는 긍정적인 사람이 좋습니다. 어둡기보다는 밝은 사람이 좋습니다.

✚ 밝고 긍정적인 사람 곁에 있으면 나 자신도 영향을 받아 밝아지게 됩니다. 배우자는 결혼해서 늘 곁에 있고 함께 생활해야 하는 사람이기에 나에게 끼치는 영향도 상당합니다. 어려운 일이 있을 때 함께 이겨 내고 서로에게 힘이 되어줄 수는 있는 사람인지 잘 판단해 보아야 합니다.

✚ 신앙은 기본으로 생각한다면 성격, 성향, 성품과 같은 변하기 어려운 부분을 잘 보아야 합니다. 그 외의 것은 언제든 변할 수 있는 부분들이 많습니다. 그 외의 부분들이 문제가 된다면 이렇게 이야기해 주고 싶습니다. "결혼해도 괜찮다, 괜찮아."

✙ 간혹 보면, 부모님의 반대로 결혼을 지체하게 되는 경우를 보게 됩니다. 하지만 행복과 불행은 타인이 결정하는 것이 아니라 하나님 앞에서 자신이 선택해야 한다는 것을 기억해야 합니다. 하나님 앞에서 부끄러움이 없다면 부모님의 의견을 존중하고 충분한 기다림의 시간을 가지되, 너무 지체하지 않아야 합니다. 최종적인 기한을 정하고 최선을 다했다면 이렇게 말해주고 싶습니다. "결혼해도 괜찮다. 괜찮아."

✙ 다시 한번 강조하지만, 깊이 고려해야 하는 것은 성격, 성향, 성품입니다. 그런데 이것들은 결코 쉽게 보이지 않습니다. 결혼 전에는 눈이 멀어서 보이지 않고 결혼 이후에야 눈이 열려서 밝히 보이는 부분들이기 때문입니다. 그래서 인생의 봄, 여름, 가을, 겨울을 지켜보면서 신중하게 결정을 해야 합니다.

✙ 그리고 때가 되면 이 말씀을 기억하십시오.

> "그러므로 사람이 부모를 떠나 … 너희도 각각 자기의 아내 사랑하기를 자신 같이 하고 아내도 자기 남편을 존경하라"(엡 5:31,33).

✙ 최종적으로 여러분이 결정을 할 때에는 성령의 열매를 맺고 있는 사람이고 성화(예수님을 닮아가는 것)의 여정 아래에 있는 사람이라면 안심해도 될 것입니다. 만약 그렇다면 저는 다시금 말해 주고 싶습니다.

"결혼해도 좋다! 아니 결혼해라."

# 결혼은 이벤트가 아니라 삶입니다

결혼을 앞둔 청년들을 만나면
세상에 둘밖에 안 보이는 듯합니다.
물론 그 모습이 나쁘지 않습니다.
하지만 화려하고 아름다운 결혼식을 준비하는 청년들이
최대한 이성적으로 생각해 보아야 할 것들이 있습니다.
결혼식과 결혼 생활에 대한 나눔입니다.

✚ 결혼을 앞둔 청년들과 주례자로서 만나게 될 때, 그들에게 꼭 해 주는 말이 있습니다. "결혼은 이벤트가 아닌 삶입니다."

✚ 누구나 사랑하여 결혼합니다. 그런데 결혼을 하고 눈이 열리면서 속았다고 합니다. 속은 것이 아니라 제대로 보는 것입니다. 있는 그대로를 보게 된 것입니다. 사랑에 눈먼 상태에서 드디어 눈이 뜨여지는 것입니다. 그런데 그때부터 문제가 생깁니다.

✚ 내가 기대했던 결혼이 아니라는 것입니다. 내가 생각했던 그 사람이 아니라는 것입니다. 내가 꿈꾸던 삶이 아니라는 것입니다.

✚ 사랑한다는 것과 살아간다는 것은 다릅니다. 연애와 결혼의 차이처럼 말입니다. 연애라는 것은 내가 보여 주고 싶은 것만 보여 주기 쉽습니다. 그것이 가능합니다. 그런데 결혼이라는 것은 일시적으로 내가 보여 주고 싶은 것만 보여 주고 끝나는 쇼가 아닙니다. 함께 살아가는 일상입니다.

✚ 여러분은 셀카와 몰카의 차이를 알 것입니다. 셀카는 편할 것입니다. 그러나 몰카는 불편하게 느껴질 것입니

다. 셀카는 보여 주고 싶은 것만 보여 줍니다. 싫으면 바로 삭제해 버립니다. 몰카는 당신이 보여 주기 싫은 은밀한 사생활도 다 드러냅니다. 내 맘대로 삭제도 되지 않습니다.

✚ 연애는 셀카에 가깝지만 결혼 생활은 모두 노출되어 24시간 촬영되고 있는 공개 스튜디오와 같습니다. 모든 것이 투명하게 다 드러납니다. 결혼이란 24시간 누군가와 함께 동행하는 것입니다. 그런 면에서 결혼식은 이벤트지만 결혼이란 삶 그 자체입니다.

✚ 결혼식은 이벤트입니다. 화려한 장식과 조명, 하얀 웨딩드레스의 아름다움, 얼굴의 장점을 살리고 단점을 커버하는 놀라운 화장술까지 동원하여 모든 면에서 가장 아름답고 멋있게 표현하는 자리가 결혼식 자리입니다.

✚ 그런데 결혼 생활은 삶입니다. 상대방의 장점뿐 아니라 단점까지 그대로 노출되는 자리입니다. 성질, 성깔, 성품이 그대로 드러납니다. 그래서 결혼 생활이란 보여 주고 싶은 것만이 아니라 보여 주기 싫은 부분까지 고스란히 노출시켜야 하는 다소 불편하게 느낄 수 있는 그런 자리입니다.

✚ 연애는 두 사람의 문제입니다. 하지만 결혼은 가정과 가정이 만나고 가문과 가문이 만나고 친구와 친구가 만나면서 공동체적인 성격을 가지게 됩니다. 복잡하게 어우러진 자리인 것입니다. 그런데 바로 그러한 관계 속에서 나의 자리를 지키고 나의 자리를 찾아가면서 삶의 모순 속에서도 아름다움을 찾아가는 자리가 결혼 생활입니다.

✚ 그런 면에서 사랑한다는 것과 살아간다는 것은 다릅니다. 사랑한다는 것은 좋은 감정과 좋은 느낌과 좋은 포장이 가득합니다. 살아간다는 것은 상대의 아픔과 상처와 긴장과 갈등과 지나온 흔적들과 직면하면서 서로의 연약함과 부족함을 돕는 배필로 함께하는 것입니다.

> "여호와 하나님이 이르시되 사람이 혼자 사는 것이 좋지 아니하니 내가 그를 위하여 돕는 배필을 지으리라 하시니라"(창 2:18).

✚ 하나님이 의도하신 결혼이란 삶의 자리에서 서로를 책임지는 것입니다. 상대방의 부족함과 연약함을 내가 함께 감당하는 자리가 함께 살아가는 삶의 자리입니다. 그래서 결혼은 환상이 아닌 삶의 실제입니다.

✚ 그 자리에 함께하면서 씨름하는 과정에서 우리는 성숙되어져 갑니다. 씨름하는 과정에서 우리는 내가 죄인임을 깨닫습니다. 은혜가 필요함을 절실히 느낍니다. 그래서 나와 너 사이에 늘 하나님을 모시고 살아가는 것입니다. 그 하나님이란 공통분모가 있어서 모순으로 가득한 삶의 현실 속에서도 아름다움을 발견하고 행복을 경험하게 됩니다.

✚ 결혼식은 이벤트지만 결혼은 삶입니다. 삶의 자리에서 현실의 씨름을 회피하고 내가 좋은 것만 취사선택하는 것이 아니라 현실의 버거운 삶의 무게를 인정하고 함께 나누어 짐으로 우리는 완성되어져 갑니다. 그것이 돕는 배필인 것입니다. 그리고 무엇보다 우리를 빚어 가시는 분이 최고의 예술가이신 하나님이심을 결코 잊지 마십시오.

# 딸아,
# 이런 형제를 만나거든
# 바로 그 사람이라고
# 생각해도 좋다

"정말 이 사람이 제 배우자일까요?"
자매들이 자주 던지는 질문입니다.
저는 답을 주기보다는
스스로 고민을 하게 합니다.
그리고 하나님과의 관계 속에서
길을 찾아가게 합니다.

✚ 청년에게 이성 교제와 결혼은 너무나 중요한 선택과 결단을 필요로 합니다. 어떤 형제가 좋은 형제인지 말한다는 것은 결코 쉽지 않은 일입니다. 그런데 어떤 형제가 나쁜 형제인가를 분별하게 되면 바로 그 사람이 보일 것입니다.

✚ 나쁜 형제는 선긋기가 없습니다. 기준도 원칙도 없습니다. 그저 세상의 흐름을 따라서 살아갑니다. 세상의 흐름이란 쾌락을 따라 흘러가는 것을 말합니다. 쾌락을 사랑하기를 하나님보다 더합니다.

✚ 좋은 형제는 선긋기가 분명합니다. 성경이 기준이요, 원칙입니다. 성경이 뭐라고 말씀하시든지 그 기준과 원칙을 따라서 살아갑니다. 성경에 기초해서 인생을 건축해 갑니다.

✚ 요셉 형제를 만나면 바로 그 남자의 향기가 납니다. 그는 매력적인 좋은 형제의 전형입니다. 요셉을 통해서 우리가 찾는 바로 그 형제를 찾는 법을 고민해 보고자 합니다.

✚ 요셉, 그는 형제로서 매력이 있었습니다.

"…요셉은 용모가 빼어나고 아름다웠더라"(창 39:6).

그는 품격 있고 절제된 삶을 살았습니다. 그는 자기 관리를 잘하는 셀프 리더십을 소유한 형제입니다. 혹시 주변에서 명품을 입지 않아도, 명품 가방을 들고 다니지 않아도 셀프 리더십을 소유한, 삶이 명품인 형제가 보인다면 바로 그 남자입니다.

✚ 요셉은 뭐든지 도와주려고 하고 실제적인 도움을 주는 형제였습니다. 그는 하나님 앞에서 기도하고 묵상하면서 지혜를 얻었고 그것으로 수많은 사람들을 때와 장소를 가리지 않고 도와주었습니다. 마치 119소방대원처럼 그는 위기의 순간이나 위급한 순간에 돕는 자였습니다.

✚ 노예로 있을 때든지 억울하게 오해 받고 감옥에 있을 때든지 변함없이 그는 언제나 주변 사람을 섬기고 도왔습니다. 작은 친절을 자연스럽게 베풀 줄 아는 남자입니까? 바로 그 남자입니다.

✚ 요셉은 유혹에 직면하여 살면서도 유혹을 넘어서는 형제였습니다.

"그의 주인의 아내가 요셉에게 눈짓 하다가 동침하기를 청하니"(창 39:7).

피 끓는 청년에게 성적 유혹이란 기름에 불을 붙이는 격입니다. 그러나 요셉은 코람데오(Coram Deo! 하나님 앞에서!)라는 방화벽을 유혹의 불길 앞에다가 세웁니다.

✚ 그는 서툰 불장난을 하지 않습니다. 현실에서 부딪히는 크고 작은 유혹 앞에서 마음은 원이로되, 육신이 약하다고 하는 핑계를 멀리하고 하나님 앞에서 선명한 기준을 가진 형제입니까? 바로 그 남자입니다.

✚ 요셉은 인생의 계속되는 시련 앞에서도 하나님을 의지할 줄 아는 남자다운 남자였습니다. 그는 형제들에게 인신매매를 당했지만 억울함을 호소하며 삶을 허비하지 않았습니다. 비록 은 이십에 팔려서 몸은 주인의 지배를 받으며 살았지만 그의 주관자는 언제나 하나님 오직 한 분이었습니다.

✚ 어떤 상황에도 그는 좌절하거나 낙심하지 않았습니다. 하나님을 의지하고 의뢰하고 의탁하면서 삶의 문을 하나님이 열어 주시는 방향으로 열며 나아갑니다. 숱한 실패에도 굴하지 않고 말씀에 기초하여 묵상의 힘으로 미래를 열어 가는 형제가 있습니까? 바로 그 형제입니다.

✚ 요셉 인생의 전반적인 특징은 신전 의식입니다. 그는 언제 어디서 누구와 무엇을 하든지 늘 하나님을 의식하며 살았습니다.

"이 집에는 나보다 큰 이가 없으며 주인이 아무것도 내게 금하지 아니하였어도 금한 것은 당신뿐이니 당신은 그의 아내임이라 그런즉 내가 어찌 이 큰 악을 행하여 하나님께 죄를 지으리이까"(창 39:9).

그는 철저히 하나님 기준으로 살았습니다. 하나님 중심성, 하나님 우선성이 선명한 형제가 보입니까? 바로 그 남자입니다.

✚ 요셉은 죄악과의 전쟁에서 뒤로 물러서지 않고 정면 승부하는 형제였습니다. 그는 유혹의 싹을 잘라 버리는 성격입니다. 까칠하다고 생각할 수 있지만 죄악의 유혹에 대해서만큼은 관용을 베풀지 않고 까칠한 것이 정답입니다.

> "여인이 날마다 요셉에게 청하였으나 요셉이 듣지 아니하여 동침하지 아니할 뿐더러 함께 있지도 아니하니라"(창 39:10).

✚ 이 정도면 거의 삼중 방어벽으로 중무장한 격입니다. 하나님만 신뢰하고 자기를 너무 믿지 않는 것입니다. 그래서 그는 유혹과 죄악에 대해서는 철저히 삼중창으로 관리를 한 것입니다. 주변을 둘러보십시오. 혹시 죄악에 대해서나 유혹에 대해서 까칠한 형제가 있습니까? 바로 그 형제입니다.

✚ 요셉은 억울한 모함과 음해에도 하나님은 다 아신다고 생각하면서 모든 억울함을 하나님의 심판대에 맡길 줄 아는 형제였습니다. 그는 상관의 부인의 유혹을 매정하게 거절했습니다. 그 결과는 무엇이었나요?

> "이에 요셉의 주인이 그를 잡아 옥에 가두니 그 옥은 왕의 죄수를 가두는 곳이었더라 요셉이 옥에 갇혔으나"(창 39:20).

✚ 상관은 포상을 해야 함에도 불구하고 오히려 누명을 벗겨 주지 않고 감옥에 가두어 버립니다. 이것이 세상입니다. 세상은 어느 시대나 억울한 일이 많습니다. 그러나 상처를 입고 그 자리에 머무는 것이 아니라 다시 일어

서는 형제를 찾아보십시오.

✚ 여러 문제를 거치면서 탓하고 핑계대고 합리화하는 대신에 정말 하나님의 공의를 의지하고 억울한 비난과 비판에 불평불만 하지 않고 믿음으로 사는 삶을 선택하는 형제를 찾아보십시오. 바로 그 형제입니다.

✚ 7가지 좋은 형제의 특징을 이해하셨는지요? 살아 보니 이것들이 정말 중요하다는 생각이 듭니다. 삶은 예측 불허이기에 기본적인 성향과 성격과 성품이 중요합니다. 그것은 세월이 지날수록 더 깊이 느껴집니다. 세상에 완전한 형제는 없습니다. 부족함이 있고 연약함이 있을 것입니다. 그러나 중심부가 요셉을 닮아 있다면 꼭 말해 주고 싶습니다.

"딸아, 이런 형제를 만나거든 바로 그 사람이라고 생각해도 좋다."

## 아들아,
## 이런 자매를 만나거든
## 네 모든 것을
## 아낌없이 주거라

"목사님 저 성형을 해야 할까요?
형제들이 외모만 본다고 해서요."
이제 스무 살을 갓 넘어 선 청년의
스쳐 지나가는 소리에 화들짝 놀랍니다.
외모가 수능처럼 등급이 있는 것도 아니고
사람마다 각기 매력이 다른데
무턱대고 성형을 생각하는 현실이 서글퍼집니다.
그리고 생각해 봅니다.
'형제들이 정말 얼굴만 볼까?'
이에 대한 나눔입니다.

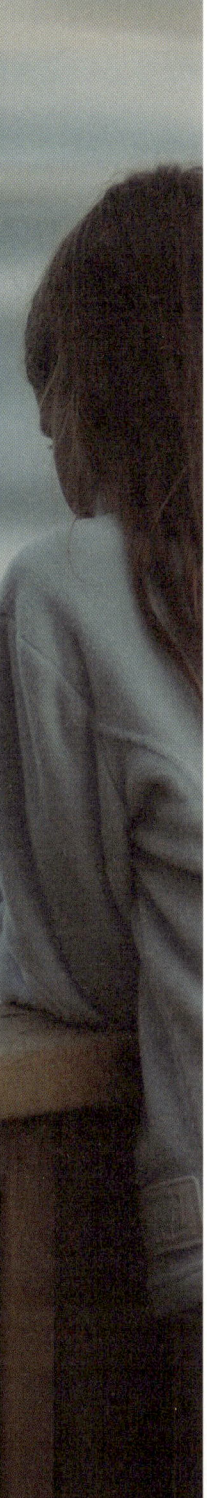

✚ 형제들이 배우자를 고를 때, 무조건 외모만 본다고 하는 것은 편견입니다. 외모 지상주의가 만들어 낸 편견은 건강한 사랑을 왜곡시키고 사랑을 병들게 합니다. 또한 비교 의식이나 열등감을 만들어 내기도 합니다.

✚ 형제들이 보이는 것만으로 평가한다는 것은 일부분에 있어서는 사실입니다. 그런데 깊이 생각해 보면 그것이 전부는 아닙니다. 외모가 일반적으로 영향을 미치기는 하지만 형제들의 경우, 함께 만나면 힘을 얻고 또 용기를 주는 자매를 찾곤 합니다.

✚ 인생이라는 고달픈 전쟁터에서 살아남으려면 형제들은 많은 격려가 필요한 존재이기 때문입니다.

✚ 성경에서 배우자를 찾을 때 어떻게 분별하는지를 살펴보면 일생을 살아가는데 도움이 될 기준을 배우게 됩니다. 믿음의 선진들이 배우자를 찾아 떠나는 여행에서 지혜를 얻으십시오.

✚ 우리는 성경에서 '리브가'라는 사랑스러운 자매를 만나게 됩니다. 창세기 24장을 읽으면서 그녀를 자세히 살펴보면 그녀가 좋은 자매임을 알아보도록 했던 몇 가지 특징들을 발견하게 됩니다. 형제들이여, 혹시라도 이런

자매를 만나거든 그대들의 모든 것을 아낌없이 주고 그녀의 마음을 살 수 있기를 바랍니다(자매가 형제를 볼 때에도 동일한 관점의 적용이 가능할 것입니다).

1) 자신의 삶에 열심이 있는 자매입니까? 바로 그 자매입니다. 자신의 삶에 열심이 있는 사람은 자신을 가꿀 줄 아는 사람입니다.

   "말을 마치기도 전에 리브가가 물동이를 어깨에 메고 나오니…"(창 24:15).

   리브가는 자신의 삶에 늘 열심을 다하는 성실한 자매였습니다. 자신의 일을 소중하게 여기는 여성이 아름답습니다.

2) 매력 있는 자매입니까? 바로 그 자매입니다.

   "그 소녀는 보기에 심히 아리땁고 지금까지 남자가 가까이 하지 아니한 처녀더라 그가 우물로 내려가서 물을 그 물동이에 채워가지고 올라오는지라"(창 24:16).

   리브가는 "심히 아리땁고"라는 표현으로 짐작하건대 매력이 있었던 것으로 보입니다. 단순한 외모만을 말함이 아닙니다. 전반적인 분위기와 매력을 말한 것입니다. 배우자를 찾을 때 매력은 절대 기준이 아닌 상대 기준입니다. 예쁘다는 것이 매력의 요소임은 분명하지만 매력은 예쁜 것보다 더 큰 의미에서 아름다움을 느끼게 합니다. 매력이란 획일화된 성형 수술과는 다른 것이고 성형 수술로 만들기 어려운 요소들이 많습니다. 매력 포인트는 제각기 다릅니다. 모든 사람은 하나님이 보시기에 심히 아름다운 모습들이 있음을 인식해야 합니다.

3) 친절과 섬김이 체질화된 자매입니까? 바로 그 자매입니다.

"그가 이르되 내 주여 마시소서 하며 급히 그 물동이를 손에 내려 마시게 하고"(창 24:18).

리브가는 자신이 수고해서 퍼 올린 물을 긴급한 사람을 먼저 돕는 일에 주저하지 않고 아낌없이 사용합니다. 이것은 쇼가 아닙니다. 자세히 들여다보면 리브가에게는 친절과 섬김이 체질화되어 있고 일상화되어 있는 것을 봅니다.

4) 사람들을 위로하고 격려하고 세워주며 도울 줄 아는 자매입니까? 바로 그 자매입니다.

"마시게 하기를 다하고 이르되 당신의 낙타를 위하여서도 물을 길어 그것들도 배불리 마시게 하리이다 하고"(창 24:19).

리브가는 낙타의 목마른 갈증까지도 섬세하게 읽어 내는 민감성을 가진 자매입니다. 힘들고 어렵고 도움이 필요한 대상이 사람이든지 짐승이든지 가리지 아니하고 기꺼이 도우려는 마음 씀씀이가 보입니다.

5) 성품이 좋은 자매입니까? 바로 그 자매입니다.

"급히 물동이의 물을 구유에 붓고 다시 길으려고 우물로 달려가서 모든 낙타를 위하여 긷는지라"(창 24:20).

흔히 간과하기 쉬운 부분이 성품입니다. 그런데 이 성품이라는 것은 쉽게 바뀌지 않습니다. 웬만해서는 사람은 변화되기 힘든 존재입니다. 결혼한다고 사람이 바뀌지는 않습니다. 그 성품, 그 성깔, 그 성질이 그대로 갑니다. 아무리 흔들어도 끄떡도 하지 않습니다. 그런데 리브가의 경우에는 낙타에게까지도 사랑이 확장된 모습이 드러납니다. 자연과 동물까지 아끼고 사랑한다는 것은 참으로 아름다운 그녀의 성품이 훤히 보이는 부분입니다.

6) 본토 친척 아비 집을 떠나 가정을 세우는 자매입니까? 바로 그 자매입니다.

"리브가를 불러 그에게 이르되 네가 이 사람과 함께 가려느냐 그가 대답하되 가겠나이다"(창 24:58).

결혼이라는 것은 아비 집을 떠나는 것입니다. 요즘 마마보이도 문제이지만 파파걸, 마마걸도 문제입니다. 결혼을 한다는 것은 부모님 이전에 한 남자, 한 여자와 일심동체를 이룬다는 점에 있어서 떠남이 꼭 필요합니다. 부모로부터 온전한 떠남이 없기에 문제만 생기면 쪼르르 달려가고 부부가 스스로 해결하지 못하는 것입니다. 이것은 심각한 결혼 생활의 장벽을 형성합니다. 결혼하면 우선순위는 남편과 아내가 되어야 합니다.

7) 가까운 이들에게 인정받고 칭찬 받는 자매입니까? 바로 그 사람입니다.

"리브가에게 축복하여 이르되 우리 누이여 너는 천만인의 어머니가 될지어다 네 씨로 그 원수의 성 문을 얻게 할지어다"(창 24:60).

가족들은 리브가의 결정을 존중하며 그녀를 축복하며 떠나보냅니다. 쿨한 모습입니다. 떠나보냄은 독립적인 인격으로 존중하는 것입니다. 사람의 진가는 떠날 때에 드러납니다. 가까운 사람에게 인정받지 못한다면 그녀와 결혼한 후 불행해질 가능성이 아주 커질 것입니다. 가까이 있는 이들에게 사랑 받고 칭찬 받는다면 바로 그녀입니다.

✚ 7가지 원리를 제시했지만 이것도 상대적입니다. 사람마다 제각기 중요하게 생각하는 것이 다릅니다. 그러나 리브가를 통해서 배우자를 찾는 시야를 키워 보는 것도 필요할 것입니다. 배우자의 선택과 결정이 일생 동안 슬픔, 기쁨, 아픔, 즐거움, 눈물, 웃음을 좌지우지합니다. 그런 까닭에 마음을 보는 심미안을 가진다면 삶이 더욱 따뜻해질 것입니다.

✚ 무엇보다도 마음으로 볼 때 정말 아름다운 자매를 만나거든 바로 그 자매라는 것을 알고 그녀를 놓치지 마십시오. 아니면 두고두고 후회하게 될 것입니다. 외모 지상주의 시대에 외모를 성형할 수는 있지만 마음은 성형할 수 없기 때문입니다.

# 진상이
# 되지 말고
# 진실한
# 이성 교제를 하라

많은 교회와 청년 사역자들로부터
이성 교제와 성 문제에 대한 고민을 상담 받습니다.
그 고민에 대해 나눈 내용의 일부입니다.
불신자들로부터 난타를 당하기도 했고
교회 안에서 성경이 기준점이 아닌 청년들에게는
비웃음을 사기도 했던 나눔입니다.
그러나 우리가 반드시 깊이 고민해야 할 내용입니다.

✚ 병원에 가면 진상 환자들이 있듯 교회에도 이성 교제를 하면서 진상에 해당하는 청년들이 종종 있습니다.

✚ 아무데서나 쪽쪽 빠는 이들은 진상입니다. 교회 안에서 입맞춤은 덕의 차원에서 삼가는 것이 좋습니다. 세상에 오직 너와 나만 존재하는 것처럼 행동하는 것은 진상입니다. 오랫동안 지켜본 경험에 의하면 이런 커플은 오래 못 갑니다. 진실성이 결여되어 있는 경우가 많기 때문입니다.

✚ 만남과 헤어짐에도 에티켓이 있어야 합니다. 소개팅이 아닌 농도 짙은 스킨십을 하면서 1년에 2명 이상과 만나고 헤어진다면 진상에 해당할 가능성이 급상승합니다. 그들은 사랑이라는 이름으로 육체의 정욕을 추구할 가능성이 많기 때문입니다. 이성 교제는 동물의 왕국이 아닙니다.

✚ 교회 안에는 주의해야 할 명단들이 입에서 입으로 구전되어 전승되는 것을 종종 봅니다. 이러한 블랙리스트가 날라리나 제비나 꽃뱀 퇴치용으로 구전되는 것은 바람직합니다. 그러나 순진한 형제 자매들에게는 올가미가 되곤 합니다. 그들의 서투른 데이트 신청 한번만으로 낙인을 찍지 말아 주십시오.

✚ 기술자(?)들은 실수하거나 서툴지 않고 은밀하게 작업을 하기에 잘 들키지도 않습니다. 순수하고 순진할수록 서툴고 뭔가 어설픈 모습이 많다는 것을 알아야 합니다. 그것을 주홍글씨로 새기면 곤란합니다.

✚ 만남 가운데 질서를 따라서 덕을 세우면서 만나고 교제를 했다면 얼마든지 헤어질 수 있습니다. 만남이 결혼을 의미하는 것은 아닙니다. 만남의 과정에서 사랑이 아니라 우정으로 끝날 수 있음을 기억하십시오.

✚ 헤어짐 이후에 적어도 6개월 이상은 자숙하십시오. 외로움을 견딜 수 없다면 외부에서 만나는 것을 시도하되, 내부에서는 자제해 주십시오. 만남과 헤어짐을 내부에서 너무 빠르게 진행하는 것은 덕이 안 되고 공동체의 질서를 무너뜨릴 수도 있습니다. 그 일로 인하여 상처를 받은 쪽은 교회를 떠나게 됩니다.

✚ 이성 교제에서 상처를 입고 교회를 떠나는 쪽은 주로 약자입니다. 떠나는 것도 억울한데 누명을 씌우지 마십시오. 원인 제공을 했다면 부디 6개월에서 1년 자숙의 시간을 가지십시오.

✚ 억울한 일을 경험하는 경우에 비밀이 보장되는 멘토와 상담을 하십시오. 아무나 붙잡고 말해서는 안 됩니다. 그들이 여기저기 소문내는 중계기가 되기 때문입니다. 신뢰가 가고 나를 위해 중보해 줄 수 있는 사람이어야 합니다. 그리고 오픈하는 데 단계가 필요합니다. 혼자서 끙끙 앓는 것보다 하나님의 사랑 안에서 진실과 아픔을 나누고 치유와 회복을 하십시오.

✚ 혹시라도 반복적인 죄 가운데서 2명 이상과 은밀한 어둠의 일을 했다면 1년 이상은 근신하면서 하나님 앞에 자신을 성찰하고 치유하는 회복의 시간을 충분히 가져야 합니다. 그것이 나도 살고 남도 살리는 것입니다.

✚ 사역자로서 종종 어둠의 사람들을 봅니다. 일반적인 특징은 거짓과 미혹입니다. 이것은 사단의 특징이기도 합니다. 어둠의 사람들은 은밀한 가운데 자신보다 약자를 골라서 사랑이라는 사탕발림으로 희생시킵니다.

✚ 이성 교제라는 것은 결혼 이전의 단계입니다. 진상이 되지 말고 진실한 교제를 해야 합니다. 하나님과 사람 앞에 당당해야 합니다. 그것이 아니라면 어둠의 일입니다. 내 형제 자매처럼 생각하고 인격적으로 교제하십시오. 무엇보다 악을 미워하고 선을 추구하십시오.

✚ 질서를 따라서 덕을 세우는 이성 교제를 하십시오. 이것은 고리타분한 이야기나 시대에 뒤떨어지는 이야기가 아닙니다. 가장 성경에 기초한 이야기입니다. 우리가 진정 하나님의 사람이라면 내가 시대에 뒤떨어지는 것이 아니라 내가 성경에 뒤떨어지는 것을 두려워해야합니다.

"사랑에는 거짓이 없나니 악을 미워하고 선에 속하라 형제를 사랑하여 서로 우애하고 존경하기를 서로 먼저 하며"(롬 12:9-10).

✚ 저는 이 기준과 원칙이 이성 교제에도 적용이 되어서 진상이 아니라 진실됨과 진리 안에서 아름답고 건강한 교제가 있기를 기도합니다.

# 교회,
# 성(城)을 쌓지 않고
# 성(聖)스러운
# 성(性)을 말하다

교회에서 성에 대해 이야기하는 것은
참 쉽지 않은 일입니다.
조금만 말의 실수가 있어도
벌 떼처럼 달려들어서 침을 톡톡 쏘기에
감당할 엄두가 나지 않는 것입니다.
그래서 침묵이 대세입니다.
아무 말도 하지 않으면 구설수에 오를 일이 없습니다.
교회 안의 이성 교제에 대해서도 마찬가지입니다.
시중 잡배와 다를 바가 없는 모습이 있어도 침묵합니다.
교회 안의 이성 교제는 질서를 따라 해야 하고
쉬쉬하고 침묵할 것이 아니라 하나님 앞에서 고민하도록 해야 합니다.
교회는 더 이상 이성 교제와 결혼에 대해서,
청년들의 성 문제에 대해서
성(城)을 쌓지 않고 성(聖)스러운 성(性)을 말하여야 합니다.

✚ 인간은 육신의 소욕이 깊이 자리하고 있어서 배가 고 프면 허기진 배를 채우기 위해서 먹음직한 것은 무엇이 든 입으로 집어넣습니다. 아름다운 옷을 보면 보암직하 다고 생각하는 순간부터 그 옷을 사기까지 멈추지 않고 옷을 향한 열정을 불태웁니다. 식욕이나 구매욕이 있는 것처럼 건강한 청춘에게 성욕은 존재합니다. 일단 인정 하고 들어갑시다.

✚ 남자들은 주로 초등학교때부터 성에 대해서 이야기를 시작합니다. 그리고 중, 고등학생이 되면 누구와 잤다는 것이 자랑이고 훈장처럼 떠벌리고 다닙니다. 심지어 연 애의 횟수를 헤아리며 성을 쌓아가듯 실적 쌓기를 하듯 하기도 합니다.

✚ 친구들과 야동이나 인터넷을 통해서 성을 배워서 군 대도 안 갔다 온 사람이 군대 이야기를 하듯 성에 대한 전문적인 지식이 없이, 동네 형들과 친구들로부터의 구 전된 전승을 따릅니다. 온갖 잡기와 허접한 지식이 쌓이 는데 알고 보면 쓰레기가 부지기수입니다.

✚ 이것이 남성들의 현실 세계의 성 지식 전수의 현주소 입니다. 그런데 성경은 이런 터무니없는 소리에 대해 브 레이크를 걸고 있다는 것을 기억할 필요가 있습니다.

✣ 스킨십, 수위 조절이 관건입니다. 사랑을 하는 청춘 남녀에게 스킨십은 자연스러운 과정입니다. 문제는 수위 조절입니다. 수위 조절을 하지 못하면 그것이 화근이 되어 한계선을 넘어서기 마련입니다. 스킨십은 책임지고 만지는 것이 아니라 책임질 만큼 만지라는 이야기가 있지만, 그 책임을 진다는 것이 기독 청년에게는 한계선이 있습니다.

✣ 그 최후의 선은 결혼한 관계에 허용되는 성적인 관계일 것입니다. 이것에 대해 존중하고 배려해 주어야 합니다. 세상 문화는 살아 보고 결정하라고 말하지만 살아 본다고 한들 남녀가 서로를 알아 가는 데는 한계가 있습니다. 오히려 살아 보고 헤어지는 동거는 찝찝한 뒷 여운을 남길 것입니다.

✣ 스킨십에 있어서 남성에게는 브레이크 장치가 없습니다. 말초신경계의 영향을 그대로 받는다는 것을 참고해야 합니다. 정도의 차이는 있지만 고장 난 브레이크 장치를 너무 믿지 마십시오. 형제들이 다 요셉은 아닙니다.

✣ 성경에서 성은 질서를 따라 부부 관계에 사용하라고 권합니다. 인간의 성욕은 부부라는 관계성 속에 주어진 선물이고 성욕을 채우는 과정에서 친밀함을 경험하도록 디자인되어 있습니다. 여기에는 깊은 고리가 존재합니다. 성적인 관계는 단순한 육체와 육체의 결합이 아닌 마음과 마음이 이어지고 서로를 속박하며 구속합니다.

✣ 성은 레크레이션처럼 기분 전환용이 아닙니다. 성은 스포츠처럼 경기를 즐기고 끝나는 것이 아닙니다. 성은 맛있는 요리처럼 한 끼 먹고 끝나는 것

이 아닙니다. 무분별한 성은 상처를 남깁니다. 그것은 죄책감이나 자신에 대해서 부정적인 인식을 남깁니다. 자유연애를 주장하면서 살아가는 사람 치고 아름답고 건강한 가정을 이룬 사람이 거의 없는 것도 이 때문입니다.

✚ 하지만 과거에 행했던 무너진 질서에 대해 회개한다면 성경은 다시 정죄하지 않습니다. 생명력에 집중하십시오. 문제는 이미 엎지른 물 같이 다시 퍼서 담을 수 없는 일입니다. 예수님께서는 사마리아 여인에게 다섯 명의 남편에 대해서 묻지도 않고 따지지도 않으십니다. 정죄하지 않겠다는 것입니다. 그러니 죄책감을 느끼고 내가 왜 그랬을까 후회하면서 살지 말라는 것입니다.

✚ 과거는 지나갔고 다시 오지 않습니다. 그러니 현재에 충실해야 합니다. 예수님의 요구는 생명력에 집중됩니다.

> "예수께서 대답하여 이르시되 이 물을 마시는 자마다 다시 목마르려니와 내가 주는 물을 마시는 자는 영원히 목마르지 아니하리니 내가 주는 물은 그 속에서 영생하도록 솟아나는 샘물이 되리라"(요 4:13-14).

✚ 이것이 기독교적인 메시지입니다. 예수님은 미래를 위해서도 이미 지나간 잘못을 곱씹으며 죄책감 속에 사는 것이 아니라 생명력 있는 삶에 집중하라고 하시는 것입니다. 죄 자체에 집중하면 새로운 삶은 어렵습니다. 그러나 생명수인 생수의 강이 내부에서 흘러가면 모든 죄와 유혹을 이기는 생명력이 생깁니다.

## PART 3

# 비전,
# 찾고 구하고
# 두드리고
# 도전하라

교회 사역자가 아니라 일터 사명자가 되라
비전, 찾고 구하고 두드리고 도전하라
사울의 갑옷을 벗어 던져라
나는 고지론을 믿지 않는다
좋은 나무가 된다는 것
비범함이 아닌 평범함에 충실하라
꿈과 현실 사이에서 다리 놓기를 하십시오
우부 꿈까니! 하나님 나라를 위하여

教회 사역자가
아니라
일터 사명자가
되라

가끔 믿음이 좋다고 생각하는 청년들이
저에게 와서 묻는 질문이 있습니다.
꽤 진지하게 질문합니다.
"목사님, 제가 신학을 하는 것이 하나님의 뜻일까요?"
부모님들이 자신이 태어나기도 전에
자신을 하나님께 드리기로 서원을 했다면서
근심 가득한 얼굴로 찾아와서 묻습니다.
"목사님, 제가 신학을 하는 것이 하나님의 뜻일까요?"
이러한 질문에 대한 나눔입니다.

✚ 목회나 선교의 길에 대해서 고민하는 청년들이 찾아와서 상담을 하면 그들이 너무 사랑스러워서 묻습니다. "왜 신학을 하려고 하니?"

✚ "저희 부모님이 서원을 하셨다고 합니다", "주변에서 제가 믿음이 좋다고 신학을 하라고 합니다", "하는 일이 잘 안되어서 혹시 신학을 하라는 뜻이 아닌가 합니다"… 다양한 대답들이 돌아옵니다.

✚ 그러면 한번만 더 생각하게 합니다.

✚ 하나님의 부르심은 부모님의 서원이 영향을 미치기도 하지만 개인적인 것이 우선입니다. 부르심은 개인적인 것입니다. 부모님이 목회자라고해도 부르심은 개인적인 것입니다.

✚ 여러분에게 직접적인 하나님의 부르심이 없다면 그 길로 가지 마십시오. 부모님의 서원과 다른 길로 간다고 해서 하나님께서 절대로 심판하시지 않습니다.

✚ 믿음 좋다고 다 신학을 해야만 하는 것도 아닙니다. 물론 신학을 하려고 한다면 기본적으로 믿음이 좋아야 합니다. 그러나 믿음이 좋은 것과 목회와 선교로의 부르

심을 동일하게 보는 것은 위험합니다.

✚ 하나님은 사람마다 은사를 다르게 주셨습니다. 믿음이 좋다고 신학을 하는 것이 아니라 하나님의 부르심이 목회나 선교로의 소명이 분명하다면 그 길을 가십시오. 그러나 일반적인 직장과 직업의 영역도 동일한 소명이 있음을 기억하십시오.

✚ 하는 일마다 잘 안되어서 신학을 한다고요? 그것은 정말 위험천만한 일입니다. 하나님은 실패를 사용하기도 하시지만 항상 그렇게 하시지는 않습니다.

✚ 하는 일이 안된다고 신학을 하고 목회나 선교의 길을 걷게 된다면 그 길이 그리 평탄하리라 생각되지 않습니다. 벌 받는 느낌이라면 그 길을 가서는 안 될 것입니다. 혹시 그 길을 간다고 해도 일이 계속 꼬일 가능성이 짙습니다.

✚ 믿음이 좋으면 다 신학을 하는 것이 아니라 자신의 은사와 부르심을 체크하는 것이 우선일 것입니다. 그래서 나를 향한 하나님의 인도하심을 받아야 합니다. 사람마다 하나님의 부르심의 현장이 다릅니다.

✚ 그런 의미에서 우리는 기억해야 합니다. 우리는 각 직업과 직장 속의 제사장들입니다. 목회나 선교처럼 교육, 정치, 경제, 사회, 문화, 언론, 의료, 군사, 문화… 등 제각기 은사에 따라 섬기는 영역이 다를 뿐입니다. 믿음이

좋은 것은 자신의 직장과 직업을 통해서 아름답고 가치 있게 표현되어야 합니다.

✚ 이러한 '직업 소명설'과 '만인 제사장직'에 대한 선명한 인식이 있다면 한국 사회는 한 단계 더 발전할 것이고 한국교회는 더욱 신뢰를 받게 될 것입니다. 목회나 선교를 향한 부르심이 없다면 절대 그 길로 가지 마십시오. 세상이 말하는 성공을 꿈꾸거든 아예 그 길을 갈 생각조차도 하지 말아야 합니다.

✚ 목회나 선교가 폼 나는 자리가 아니라는 것을 알아야 합니다. 혹시 주변에 폼 나 보이는 분이 있다면 겉보기에만 그렇게 보일 것입니다. 그게 아니라 정말 호의호식을 하며 부귀와 영화를 누린다면 하나님의 이름을 빙자하여 폼 잡는 것이지 진짜 하나님의 사람은 아닐 가능성이 농후합니다.

✚ 목회나 선교의 자리는 성육신의 자리입니다. 내가 죽어서 남을 살리는 자리가 목회나 선교의 자리라는 것입니다. 나는 죽지 않고 남을 죽여서 그 자리를 유지한다면 흡혈귀 사역자요, 변사또 부류일 것입니다.

✚ 여러분에게 목회와 선교로의 부르심이 있는지를 확인하십시오.

✚ 바울이 디모데에게 전한 말을 곰곰이 곱씹어 보면서 목회나 선교의 길이 어떤 길인지를 생각하고 성찰해 보십시오. 정말 부르심이 있는지를 계속 되새김질해 보십시오.

"누구든지 네 연소함을 업신여기지 못하게 하고 오직 말과 행실과 사랑과 믿음과 정절에 있어서 믿는 자에게 본이 되어 내가 이를 때까지 읽는 것과 권하는 것과 가르치는 것에 전념하라 네 속에 있는 은사 곧 장로의 회에서 안수 받을 때에 예언을 통하여 받은 것을 가볍게 여기지 말며 이 모든 일에 전심 전력하여 너의 성숙함을 모든 사람에게 나타나게 하라 네가 네 자신과 가르침을 살펴 이 일을 계속하라 이것을 행함으로 네 자신과 네게 듣는 자를 구원하리라"(딤전 4:12-16).

✚ 목회나 선교로의 부르심은 말, 행실, 사랑, 믿음, 정절의 본이 되는 사람이어야 합니다. 성경의 가르침을 받으면서 잘 가르치는 사람이어야 합니다. 특히 삶으로 가르칠 수 있어야 합니다.

✚ 무엇보다 계속적으로 모든 면에서 성장하고 성숙해 가는 사람이어야 합니다. 그래서 자신의 가르침과 삶이 만나고 신앙과 삶이 만나고 신학과 삶이 만나야 합니다. 그렇게 함으로 자신뿐 아니라 남도 구원에 이르게 돕는 인생이 되기 때문입니다.

✚ 저는 이러한 가치들이 각 직장과 직업의 영역에서도 동일하게 응용되고 적용될 수 있다고 생각합니다. 일터 소명자로서 살아간다면 여러분을 통해서 하나님 나라가 주변에 보여지고 일터에서 하나님 나라의 일들이 드러나리라 생각합니다. 그러므로 믿음이 좋다고 다 신학해서는 안 됩니다. 은사와 부르심을 따라 살아가야 합니다.

✚ 분명 우리 시대는 아무나 목회하는 시대가 되었습니다. 그런데 아무나 목회하게 되면 성도를 희생양으로 만들어서 자기 배를 채우게 됩니다. 자기 이익을 추구합니다. 그래서 이렇게 말해 주고 싶습니다. "아무나 목회해서는 안 됩니다."

✚ 그리고 꼭 이야기해 주고 싶습니다.

"일터에서 목회자의 마음으로 주께 하듯 살아가십시오. 그래서 일터를 목회지로 생각하고 일터에서 만나는 사람들을 목양하십시오."

# 비전,
# 찾고
# 구하고
# 두드리고
# 도전하라

청년의 때는 실패를 두려워하지 말고
도전하는 것이 필요합니다.
실패와 실수가 두려워서
도전조차 하지 못하는 경우를 많이 봅니다.
물론 도전하지 않으면
실패하거나 실수하지는 않을 것입니다.
그러나 동시에 의미 있고 가치 있는 일들도
우리 삶에서 절대 일어나지 않을 것입니다.
특히 청년의 시기에 어떤 선택과 결정을 할지에 대해 많이 고민하는데
그들에게 작은 도움이 되기를 바라는 마음으로
이 글을 나눕니다.

✚  직업과 진로 문제에 있어서 일단 세 가지 질문이 중요합니다.

✚  첫째, 내가 무엇을 좋아하는가?
사람들에게 왜 일하느냐를 물으면 "억지로 일한다", "죽지 못해서 일한다", "목구멍에 풀칠하기 위해서 일한다"라고 대답하곤 합니다. 인생에서 일이 차지하는 비중이 어마어마한데 이것은 너무 비참하지 않나요? 이왕이면 가슴 뛰는 일을 찾아야 합니다. 좋아하지 않는 일과 더불어 살아간다는 것은 고통스러운 일입니다. 그러므로 먼저 내가 무엇을 좋아하는가를 질문해 보십시오.

✚  둘째, 내가 무엇을 잘하는가?
아무리 좋아해도 잘하지 못한다면 그 분야에서 무엇인가를 성취하기란 쉽지 않습니다. 좋아하면서 잘하지 못해도 즐길 수 있습니다. 그것을 취미라고 합니다. 그러나 좋아하면서 그 영역에 있어서 탁월함을 갖추려면 잘해야 합니다. 처음부터 잘하는 것은 아니지만 열정을 다해 수고하고 헌신한다면 진보가 있어야 정상입니다. 그래야 그 일을 통해 의미와 성취를 경험할 가능성이 커질 것입니다.

✚  어떤 경우는 좋아하는 것과 잘하는 것이 서로 다른 경

우도 있습니다. 그때 좋아하는 것은 취미로 선택하고 잘하는 것을 직업으로 선택하는 것이 필요하다고 생각합니다. 이것은 어쩌면 현실적인 지혜일 것입니다.

✚ 모든 것은 선택과 결정의 때가 있습니다. 모든 것이 다 그런 것은 아니지만 타이밍을 놓치면 이루기 힘든 일들이 참 많습니다. 시간은 기회입니다. 그런데 기회라는 것은 상대적으로 시간이 흐를수록 선택의 폭이 좁아지는 것이 사실입니다.

✚ 실패가 두려워 도전할 엄두조차 내지 못하는 사람들이 많습니다. 하지만 시행착오는 청년의 때에 주어진 특권입니다. 청년의 때는 실패하고 실수해도 기회의 문이 많이 기다리고 있습니다. 내가 좋아하고 잘하는 영역에서 시도하고 실행하고 도전하십시오. 다양한 기회의 문을 찾고 구하고 두드려 보십시오.

✚ 스스로에게 실패하고 실수할 기회를 주십시오. 그리고 시행착오를 통해서 내가 정말 좋아하면서 잘하는 것이 무엇인지, 나는 어떤 일을 할 때에 가슴이 뛰고 행복한지를 정직하게 살펴보십시오.

✚ 그러면 어느 순간에 실패들이 단순한 실패로 끝나지 않고 우리에게 축적된 경험이 됩니다. 그 경험은 시도하고 실행하면서 도전했기에 얻을 수 있는 것입니다. 바로 그 경험에서 선택과 결정의 지혜가 생기는 것입니다. 실패해도 괜찮습니다. 스스로 부정적인 사고의 틀 속에 갇히지 않는다면 결

코 실패를 두려워 말고 도전하십시오.

✚ 셋째, 이 일을 통해서 나는 가족들과 누군가에게 축복의 통로가 될 수 있는가?

이 질문을 자신에게 해 보십시오. 만일 그 일이 누군가를 유익하게 하는 일이 아니라면 곤란할 것입니다. 특히 사회악의 요소가 있다면 그것을 직업으로 선택해서는 안 될 것입니다. 그러나 세상이 보기에 화려하거나 인정받지 못하는 영역일지라도 누군가에게 축복의 통로가 된다면 그 자체만으로 충분히 가치가 있는 일일 것입니다.

✚ 무엇보다 중요한 것은 선택과 결정의 과정에서 끊임없이 기도하는 것입니다. 기도하면서 하나님이 주시는 통찰력과 분별력을 가지고 선택과 결정을 하면서 계속 실험하고 시도하고 도전하기를 멈추지 마십시오. 그리하여 좋아하고, 잘하고, 축복의 통로가 될 수 있는 그 일을 통해 미래로 가는 삶의 문이 열리기를 응원합니다.

> "구하라 그리하면 너희에게 주실 것이요 찾으라 그리하면 찾아낼 것이요 문을 두드리라 그리하면 너희에게 열릴 것이니 구하는 이마다 받을 것이요 찾는 이는 찾아낼 것이요 두드리는 이에게는 열릴 것이니라"(마 7:7-8).

# 사울의
# 갑옷을
# 벗어 던져라

"저는 부모님의 기대치가 부담스럽습니다.
부모님을 기쁘게 하기 위해서
부모님이 원하시는 대로 선택을 하며 살아왔습니다.
그런데 직장과 진로 문제에 있어서
부모님의 기대치와 저의 방향성이 다릅니다.
어떻게 하면 좋을까요?
부모님을 실망시켜 드리고 싶지 않지만
그렇다고 해서 제가 추구하는 방향을 포기하고 싶지는 않습니다."
이 시대를 살아가는 청년들이 어떤 것을 추구하며
진로를 찾아야 하는지 생각을 나누어 봅니다.

✢ 우리 시대 치명적인 유혹은 하나님께서 만드신 원형대로 살아가는 것이 아니라 남의 눈에 보암직한 모습으로 살려고 하는 것입니다. 직업의 영역에서 특히 그러합니다.

✢ 흰말이 있고 얼룩말이 있습니다. 흰말에다가 얼룩말처럼 그림을 그린다고 해서 원형 자체가 바뀌지 않습니다. 비가 오면 물감이 녹아서 흘러내릴 것입니다.

✢ 여러분이 행복한 미래를 꿈꾸신다면 치열하리만큼 나는 어떤 스타일로 태어났는지를 체크하면서 살펴보아야 합니다.

✢ '나는 언제 행복한가?', '나는 어떤 일을 할 때에 의미가 있다고 느껴지는가?', '나는 누군가에게 보이기 위해서가 아니라 나 스스로가 하나님이 보시기에 좋았더라고 말씀하신다고 느끼는 순간들은 언제인가?'

✢ 이러한 질문들에 대해서 정직하게 답한다면 그만큼 의미 있고 가치 있는 진로를 선택하고 그러한 직업의 영역을 계속 찾아갈 가능성이 커질 것입니다.

✢ 불행하게도 우리 시대는 사울의 갑옷을 자꾸 입으려

고 합니다. 나의 나 된 것은 하나님의 은혜라고 생각하면서 자신만의 스타일을 살리기보다는 오히려 세상이 보기에 좋은 사울의 갑옷을 입으려고 발버둥을 칩니다. 그러다 보니 오히려 스타일을 구기면서 살아가곤 합니다.

✚ 사울의 갑옷은 사람들이 입고 싶어 하는 명품입니다. 보기에 좋습니다. 폼 잡기에 좋습니다. 모양새도 있습니다. 한마디로 '뽀대'가 납니다.

✚ 그런데 다윗이 사울의 갑옷을 입고 싸움에 나갔다면 그만큼 실수하고 실패할 확률이 높아졌을 것입니다. 사람들 앞에서 왕의 갑옷을 입었으니 부러움도 살 것이고 시기도 받았을 것이지만 그 옷을 입고 싸운다면 패배했을 가능성이 큽니다.

✚ 다윗은 사울의 갑옷을 벗습니다. 그리고 자신의 주특기로 승부합니다. '돌 다섯 개와 물매' 그것은 세상이 보기에 볼품 없는 모양새였습니다. 청년들이 그 모습을 보았다면 "완전히 쩐다~"라고 했을지도 모릅니다. 골리앗도 그 모습을 보고 비웃음을 던지고 조롱했을 정도입니다.

✚ 그러나 다윗은 돌 다섯 개와 물매를 들고 일터에서 일하던 양치기의 평상복 차림으로 나아갑니다. 편안하고 익숙한 옷을 입고 나아간 것입니다. 사울의 칼이 아니라 자신이 광야에서 맹수와 싸우면서 이겼던 물매를 들었습니다. 왕의 갑옷 대신에 양치기 목동의 순발력과 정확성을 최대한 살릴 수 있는 가벼운 복장으로 승부했던 것입니다.

✚ 우리 시대는 모두 사울의 갑옷을 명품으로 여기는 시대입니다. 왕의 하사품을 소중히 여기는 시대입니다. 그러나 이러한 시대정신을 정면으로 거슬러서 하나님께서 나에게 주신 은사, 나에게 주신 소명, 나에게 주신 승리의 흔적들, 나에게 주신 스타일을 살리려고 힘쓰고 애써야 합니다.

✚ 그리스도인들이여, 세상이 좋아 보이는 그림을 그리려고 너무 힘겨워하지 마십시오. 내가 잘하고 좋아하면서 축복의 통로가 될 직업과 진로를 찾아 끊임없이 자신의 주특기를 살리십시오.

✚ 이 땅에서의 한번뿐인 소중한 인생이고 일생입니다. 남에게 보여주기 위한 삶이 아니라 내가 가치 있고 의미 있고 행복하다고 느끼는 그 길을 찾아가십시오.

> "이에 사울이 자기 군복을 다윗에게 입히고 놋 투구를 그의 머리에 씌우고 또 그에게 갑옷을 입히매 다윗이 칼을 군복 위에 차고는 익숙하지 못하므로 시험적으로 걸어 보다가 사울에게 말하되 익숙하지 못하니 이것을 입고 가지 못하겠나이다 하고 곧 벗고 손에 막대기를 가지고 시내에서 매끄러운 돌 다섯을 골라서 자기 목자의 제구 곧 주머니에 넣고 손에 물매를 가지고 블레셋 사람에게로 나아가니라"(삼상 17:38-40).

"청년 다윗이여, 사울의 갑옷을 벗어 던져라."

# 나는
# 고지론을
# 믿지 않는다

"왜 우리는 꼭 무엇이 되어야만
하나님께 영광이 되고
뭔가 업적을 많이 쌓아야만
하나님을 높여 드린다고 생각하는 것일까요?"
신앙의 본질에 대해 고민하는
청년들이 종종 던지는 질문입니다.
바른 질문이고 좋은 질문이라고 생각합니다.
그 질문에 대해서 생각하며 나눕니다.

✚ 저는 이 사회를 변화시키기 위해서 그리스도인들이 높은 자리에 올라가야 한다는 '고지론'을 믿지 않습니다. 고지론이 사실이라면 지금 한국 사회는 바뀌어야 정상입니다. 상당수 고지를 점령하신 분들의 종교란을 살펴보면 기독교라고 체크되어 있기 때문입니다.

✚ 그런데 정작 고지론을 주장하면서 살았던 많은 이들이 점령해 버린 그 숱한 고지에서 들려오는 소리들은 왜 부정, 부패, 탐욕, 죄악, 불의로 얼룩져 있을까요? 도대체 무엇이 잘못된 것일까요? 왜 이런 문제가 생긴 것일까요?

✚ 이전 세대는 무조건 높이 올라가라고만 했습니다. 높이 올라만 가면 그것이 성공이고 그것이 하나님께 영광이 된다고 했습니다. 그러다 보니 기이한 관점이 생겨났습니다. '부, 명예, 권력 = 하나님께 영광' 이런 관점의 해석이 생긴 것입니다. 그야말로 인간의 욕망을 신앙으로 합리화해 주었으니 거침없이 성공의 고속도로를 질주하기 시작한 것입니다.

✚ 이것이 성경적인가를 고민하기보다는 어떤 식으로든 고지를 점령하라는 구호 속에서 전진 또 전진을 거듭 하였습니다. 경제적으로 본다면 생존의 시대였기 때문일

것입니다. 더 나아가 영적으로 살펴본다면 갓난아이의 상태였기 때문일 것입니다.

✚ 고지론을 성경적인 관점에서 본다면 실패이고 오류입니다. 왜냐하면 성경은 성공이라는 사다리의 꼭대기까지 최대한 높이 올라가서 영향력을 발휘하라고 말한 적이 없습니다. 그런 의미에서 일류대를 가면 하나님께 큰 영광이 되고 삼류대를 가면 하나님의 영광을 가린다는 생각은 미신에 가깝습니다.

✚ 그야말로 현대판 황금 송아지 우상인 것입니다. 왜냐하면 그들은 황금 송아지에 자신들의 탐욕을 투영하면서 단지 명칭만 바꾸어서 하나님이라고 부르며 예배를 했기 때문입니다.

✚ 그러면 성경은 도대체 일에 대한 관점에 대해서 어떻게 말하고 있나요? 성경은 시종일관 "주께 하듯" 하라고 합니다. 이것이 하나님의 백성들이 직업과 일을 대하는 '신실한' 태도입니다.

✚ 우리는 일상과 일터에서 "주께 하듯" 하는 것이 하나님께 영광을 돌리는 것임을 알아야 합니다. 그 어디에도 진급해야만, 대기업에 가야만, 고위 공직자가 되어야만 하나님께 영광이 된다는 말은 아무리 찾아봐도 없습니다.

✚ "주께 하듯" 한다는 것은 요셉의 태도에서 잘 나타납니다. 요셉은 노예로 있을 때에 "주께 하듯" 주인집의 일을 하였습니다. 주인 의식을 가지고

일한 결과는 승진이었습니다. 승진을 위해서 일한 것은 아니었습니다. 그가 승진한 이유는 요셉에게 맡기는 일은 믿을 수 있었고 형통한 것을 보았기 때문이었습니다.

✚ 심지어 그의 태도는 모함을 받고 누명을 뒤집어쓴 상태에서 강간 미수범으로 감옥에 갇힌 상황에서도 변함이 없었습니다. 무척 억울한 상황입니다. 그의 외침은 귀에 쟁쟁합니다. "내가 어찌 이 큰 악을 행하여 하나님께 죄를 지으리이까?"(창 39:9)

✚ 그는 정직을 선택하고, 하나님이 보시기에 선한 길을 선택하였습니다. 그런데 결과는 감옥행입니다. 그리스도인이라면 그 뒤를 주목해야 합니다. 요셉은 감옥 속에서도 신세 한탄을 하거나 분노에 사로잡히지 아니하고 여전히 "주께 하듯" 일합니다.

✚ 그는 고지론자는 아니어도 영적 고수임이 분명합니다. 요셉은 감옥 속에서도 여전히 모든 사람을 돌보고 섬기며 위로하면서 그들의 고충을 들어줍니다. 요셉을 살펴본다면 시간이 흐를수록 감옥이라는 틀이 그를 가두지는 못한다는 것을 발견합니다. 이미 그는 감옥 안에서도 하나님과 동행하면서 "주께 하듯" 섬겼기에 그를 가두는 감옥이라는 울타리가 그를 가두지는 못한 것입니다.

✚ 주목할 것은 요셉은 결코 고지론을 추구하지 않았다는 점입니다. 그는 시종일관 '하나님 앞에서(Coram Deo!)'의 삶을 추구했습니다. 요셉의 비전은

총리가 아니었습니다. 그의 꿈이 총리라는 것은 그 어디에도 없습니다. 요셉이 자신이 훗날 총리가 되어 하나님께 영광 돌리겠다는 비전을 가지고 있었다는 말이나 태도는 성경에서 털끝만큼도 찾아 볼 수 없습니다.

✚ 그는 단지 모든 일을 "주께 하듯" 했을 뿐입니다. 이것이야말로 영적 고수(장성하고 성숙한 자)라고 볼 수 있지 않겠습니까? 오늘 우리는 총리(성공)가 되어서 영향력을 발한다는 주장을 펼치는 고지론에 대해서 깊이 고민해 보아야 합니다.

✚ 요셉이 가장 아름다운 순간은 총리의 자리가 아닌 억울한 누명을 뒤집어 쓰고 들어간 감옥의 차디찬 밑바닥에서도 주님과 동행하는 순간이 아닐까요? 일반적으로는 너무 억울하고 분해서 화병으로 죽을 것 같은데 오히려 자기를 부인하고 자아가 깨어지면서 숱한 '깨어짐'의 산과 골짜기를 지나며 하나님 한분만으로 만족하는 그런 요셉의 모습을 보아야 합니다.

✚ 요셉은 삶의 모든 과정 속에서 '하나님 앞에서(Coram Deo!)' 살았습니다. 그러했기에 모든 일을 "주께 하듯" 할 수 있었던 것입니다. 그러한 과정 자체에 충실 하였기에 그는 가는 곳마다 축복의 통로가 되었습니다. 하나님 한 분만을 두려워하는 사람은 다른 어떤 것도 두려워하지 않기에 가능했던 일입니다.

✚ 요셉이 총리가 되었기에 하나님께 영광을 돌렸다고 생각하지 않습니다. 그보다는 노예로 있든지 감옥에 있든지 총리로 있든지 시종일관 하나님 앞

에서 살아가면서 "주께 하듯" 살아가는 삶 그 자체가 하나님께 영광을 돌렸다고 생각합니다. 그런 면에서 저는 여전히 고지론을 믿지 않습니다.

✚ 그리스도인들에게 권합니다. 고지를 점령하지 않아도 하나님 앞에서 살아간다면 당신은 충분히 아름다운 인생입니다.

✚ 세상이 부러워하는 출세의 고속도로가 아닌 울퉁불퉁한 길을 더디고 힘들게 걸으면서 삶의 애환을 느낄지라도 주와 동행을 하고 있다면 그 길이 바로 하나님께 영광을 돌리는 길임을 잊지 않았으면 좋겠습니다.

✚ 고지론만이 하나님께 영광이 된다고 하는 말에 속지 마십시오. 그들은 참 나쁜 사람들입니다. '성공 = 하나님께 영광'이 아니라 '성경 = 하나님께 영광'임을 기억하십시오.

✚ 저는 이 땅에서 어설픈 고지론자들이 아닌, 진정한 영적 고수들이 많이 나왔으면 좋겠습니다. 하나님 앞에서 일상을 살며 매사에 "주께 하듯" 하면서 신실하게 살다보니, 그 결과로서 고지에 있어도 하나님의 선하심과 아름다우심을 드러내는 그런 인생들로 가득한 이 땅의 미래를 꿈꿉니다.

## 좋은 나무가 된다는 것

우리에게는 열매를
빨리 따서 먹고 싶은 욕심이 있습니다.
그래서 설익은 과일을 따 먹기도 합니다.
풋사과나 풋복숭아를 먹고
배탈이 나기도 합니다.
우리의 삶에는 과정이 있습니다.
그 과정에 충실하면 때가 되면 저절로
열매가 맺힙니다.
청년의 때, 열매를 따려 하기보다는
좋은 나무가 되기를 소망하십시오.

✛ 청년의 때를 돌이켜 생각해 보면, 저에게 있어서 20대는 고뇌의 시간 가운데에서 하나님과 동행하면서 최선의 선택과 반복과 집중을 했던 시기였다고 표현하고 싶습니다.

✛ 청년 시절, 막노동을 하다가 23살에 신학대학에 들어갔지만 현실은 깜깜하고 미래는 너무 아득했습니다. 중2 때부터 공부와 담을 쌓았기에 그 담은 너무 튼튼해서 웬만한 충격으로는 깨지지 않았습니다.

✛ 그때 저는 현실을 진단해 보았습니다.

1) 목사가 되어야 하는데 아는 게 없다.
2) 나는 말을 더듬고 사람들 앞에 서면 얼굴이 빨개지고 가슴이 쿵쾅거려서 어디론가 숨고 싶어 한다.
3) 나는 19살에 하나님을 만났기에 하나님에 대해 너무 모른다.
4) 나는 혈연, 지연, 학연… 세상이 말하는 '끈'이 없다.
5) 나는 초, 중, 고 시절, 반장이나 부반장 같은 리더의 자리에서 섬겨 본 적이 없어서 리더십을 너무 모른다.
6) 나는 누군가에게 제자훈련이나 사역훈련을 받은 적이 없다.
7) 나는 기타도 못치고 음악적 재능이 없다.

8) 나는 너무 겸손한 외모를 가지고 있다(너무 부족하다는 표현을 말합니다. 174cm에 56kg 나가고 여드름이 흥왕했을 때입니다).

✚ 아무리 둘러봐도 출구는 하나님 오직 한 분밖에 보이지 않았습니다. 그래서 기도하고 엎드려 하나님께 지혜를 구하였습니다. 도서관에서 나오면 꼭 예배실에 들러 기도하였습니다. 시시때때로 학교 기숙사 뒷산의 기도 처소인 에스겔 골짜기로 가서 기도 하고 겟세마네 동산에 가서 기도하고 에벤에셀에 가서 기도했습니다.

✚ 그때 하나님께서는 교수님들을 찾아가서 조언을 구하라는 마음을 주셨습니다. 그래서 김상복 교수님을 찾아가서 질문을 드렸습니다. "교수님 저는 좋은 목회자가 되고 싶은데 너무 부족함 투성입니다. 어떻게 하면 좋을까요?"

✚ 교수님은 제게 이렇게 말씀하셨습니다. "형제는 아직 열매를 따는 추수 때가 아니라 좋은 나무가 되어야 할 때입니다. 좋은 나무가 되기에 집중하세요. 그러면 때가 되면 좋은 열매가 나옵니다."

✚ 그리고 조언해 주신 것은 이랬습니다. "매년 키만큼의 책을 읽으세요. 나이만큼 성경을 읽으세요." 아주 단순했습니다. 복잡하지 않았습니다. 그러나 결코 쉬운 과제는 아니었습니다.

✚ 그때부터 치열하게 성경을 읽고 독서를 했습니다. 매주 2-3권 이상씩

책을 읽고 방학 때에는 하루에 1-2권을 기본으로 씨름을 했습니다. 그리고 성경을 1년에 2독씩 하기 시작했습니다. 그리고 틈새를 활용하여 독서와 묵상을 정리하곤 했습니다. 이러한 과정이 체질화되지 않아서 실수와 실패도 있었고 여러 어려움도 있었으며 가끔씩은 주저앉아서 멈추기도 했지만 그때마다 기도하면서 다시 시작을 하곤 했습니다.

✚ 좋은 나무가 된다는 것은, 결과를 내가 염려하는 것이 아닙니다. 결과는 하나님께 맡기고 과정에 충실한 것입니다. 좋은 나무가 된다는 것은 미래를 생각하며 고민하고 근심하는 대신에 하나님을 중심부에 모시고 현실 속에서 할 수 있는 최선을 선택, 반복, 집중하며 살아가는 것입니다.

✚ 제가 선택하고 집중한 방법은 말씀을 전달하는 힘을 키우는 것이었습니다. 그러기 위해서 설교에 대해 집중적으로 독서를 하였습니다. 매일 저녁 식사 후에는 좋아하는 목회자들의 설교를 들으면서 산책을 하며 말문을 열고자 씨름을 하곤 했습니다.

✚ 그리고 리더십이 너무 없었기에 리더십에 대해서 집중적으로 연구하면서 책을 읽었습니다. 기도하면서 주시는 하나님의 지혜를 따라서 기회가 되는대로 나의 한계를 넘어 서고자 섬기는 자리에 섰습니다.

✚ 학부 때는 '아이사랑'이라는 동아리를 만들어서 보육원 아이들을 찾아가서 예배를 드리고 공부를 가르쳐 주고 상담을 하였습니다. 혼자서 하는 것이 아니라 믿음의 동역자들을 모으고 함께 해 나갔습니다.

✚ 결코 쉽지 않은 씨름의 과정이었습니다. 청소 아르바이트, 경비 아르바이트, 전화 교환 아르바이트 등등 학비를 벌기 위한 여러 아르바이트와 병행을 하였기 때문입니다. 결국 아르바이트와 학업을 병행했던 저로서는 잠자는 시간을 줄이면서 성경 묵상, 독서, 기도에 더 집중적인 시간을 배당하여 선택과 반복과 집중을 계속하였습니다.

✚ 공부를 하면서 학점보다 더 중시한 것은 독서를 통해서 실제적인 지경을 넓히는 것이었습니다. 학점을 위한 공부 대신에 실제적인 성장을 위한 공부를 하면서부터 점점 공부가 재미있는 놀이처럼 느껴졌습니다. 암기 위주가 아닌 정신적인 자극을 주는 공부를 꾸준히 하면서 서서히 말문도 열렸습니다.

✚ 변화란 쉽지 않습니다. "기도만 하면 다 된다"라고 말하는 대신 저는 기도하면서 하나님이 주시는 힘과 지혜와 능력으로 현실을 극복해 나갈 수 있는 것이라고 말해 주고 싶습니다. 그리고 이렇게 행동하는 삶의 원천이 기도입니다.

✚ 기도하면서 얻는 지혜와 영감과 통찰력을 가지고 현실의 빠듯한 삶 속에서 미래를 준비하기 위해서 구체적이고 실제적으로 행동하는 것이 하나님의 도우심을 경험하는 기도라고 말해 주고 싶습니다. 다시 말해서 좋은 기도는 행동으로 이어진다는 것입니다. 그런 면에서 행함은 기도를 완성해 가는 것입니다.

✚ 우리의 삶은 어찌 보면 전쟁터입니다. 전쟁터에서 내 힘과 결심으로는 승리하기 어렵습니다. 위로부터 오는 능력을 반드시 구해야 합니다.

✚ 그로부터 25여 년이 지났습니다. 그리고 하나님이 주신 변화들로 인하여 감사를 드리게 됩니다.

1) 목사로서 말씀의 사람, 책의 사람이 되고자 씨름하고 지금도 늘 부족함을 느끼며 일관되게 씨름하고 있습니다.
2) 언변가라고 할 수는 없으나 적어도 설교를 하는대로 살아가려고 발버둥을 치는 목회자의 길을 가고 있습니다.
3) 해가 거듭될수록 하나님을 경험하여 아는 지식에서 자라가고 있습니다.
4) 세상이 말하는 '끈'이 없기에 하나님을 의지하고 이전보다 더욱 사랑한다고 고백합니다.
5) 기회가 되는대로 후배들을 섬기고 후배들을 격려해 주고자 노력합니다.
6) 제자훈련이나 사역훈련을 매년마다 섬기면서 훈련생들과 함께 성장하는 은혜를 누립니다.
7) 여전히 음악적 재능은 부족하지만 성령의 인도하심에 민감하고자 노력하면서 말씀에 더욱 집중합니다.
8) 사람의 외모보다 중심을 보시는 하나님을 더욱 신뢰함으로 걸음을 옮기고 있습니다.

✚ 여전히 못하는 것이 많습니다. 연약함도 그대로 존재합니다. 부족함을 뼈저리게 느낄 때도 있습니다. 그럼에도 불구하고 뒤돌아 보니 은혜 아닌

것이 없습니다. 상처와 약함마저도 선으로 바꾸시는 하나님의 은혜의 손이 저를 빚어 가신다는 것이 그저 감사할 뿐입니다. 그리고 20대의 부족함과 연약함이 오히려 성장과 성숙의 촉매가 되어서 계속 성장해 가도록 저를 이끌어 주었습니다. 여전히 현재진행형입니다.

✚ 청년의 때란 어찌 보면 좋은 나무로 준비하는 시기입니다. 청년의 때부터 열매를 먹고 즐기는 일에 익숙해지면 교만하고 오만 방자한 인생이 되기 쉽습니다. 그보다는 말씀에 비추어서 자신을 들여다보며 세상을 말씀의 관점으로 해석하는 힘을 키워가야 합니다. 그래야 때가 되면 그리스도인으로서 열매를 맺는 인생이 됩니다.

✚ 좋은 나무가 되려는 이들은 나쁜 것은 가지치기를, 좋은 것은 접붙이기를 계속 해야 합니다.

> "복 있는 사람은 악인들의 꾀를 따르지 아니하며 죄인들의 길에 서지 아니하며 오만한 자들의 자리에 앉지 아니하고 오직 여호와의 율법을 즐거워하여 그의 율법을 주야로 묵상하는도다 그는 시냇가에 심은 나무가 철을 따라 열매를 맺으며 그 잎사귀가 마르지 아니함 같으니 그가 하는 모든 일이 다 형통하리로다"(시 1:1-3).

✚ 우리가 가지치기를 미련 없이 해야 하는 것은 악인의 꾀, 죄인의 길, 오만한 자의 자리입니다. 동시에 접붙이기를 계속 해야 하는 것은 하나님의 말씀입니다.

✚ 여기에서 "주야로"라고 하는 것은 결국 때를 얻든지 못 얻든지, 기회가 되는 모든 순간마다, 힘쓰고 애쓰라는 의미입니다. 말씀 묵상의 지속, 반복, 집중을 의미합니다. 하나님의 말씀을 삶으로 연결하고 지속, 반복, 집중하면 때가 되면 반드시 열매가 맺힙니다.

✚ 여러분 삶의 여러 문제들을 풀어가면서 결코 포기하지 마세요. 문제라는 장애물을 풀어가면서 하나님이 주시는 힘과 지혜와 능력을 경험하게 될 것입니다. 한 발짝이라도 더 나아간다면 걸음을 옮기십시오. 최고는 누구나 될 수 없지만 누구나 최선은 가능합니다.

✚ 그리스도인들에게는 성공이나 실패보다 더 중요한 것이 있습니다. 그것은 하나님과 동행하면서 주어진 길에서 최선을 다하는 신실한 자세입니다. 하나님께서는 모든 것이 가능하시지만 그것은 우리가 모두 최고가 되어야 함을 의미하지는 않습니다. 그 보다는 하나님이 주신 은사와 달란트대로 살아가면서 하나님을 더욱 힘 있게 의지하고 이전보다 더욱 사랑하는 것을 우리에게 원하십니다.

✚ 기억하십시오. 하나님은 최고만 인정하시는 분이 아닙니다. 하나님을 의지하면서 최선의 길을 걸어간다면 그것만으로도 충분히 아름다운 인생입니다. 오늘도 미래를 염려하며 고민하는 사랑하는 청년들에게 말해 주고 싶습니다.

"미리부터 열매를 따려 하지 말고 우선 좋은 나무가 되십시오."

## 비범함이 아닌 평범함에 충실하라

우리는 종종 비범함을 요구 받습니다.
또 비범함에 끌리기도 합니다.
그리스도인이라면 비범하게 살아야 한다고
비전이란 이름으로 강조하기도 합니다.
그런데 한번 생각해 봅시다.
우리 모두가 비범해 수 있을까요?

➕ 우리 모두가 다 비범해질 수 있는가에 대한 저의 솔직한 생각은 "아니오"입니다. 실망스럽겠지만 모두가 머리가 될 수는 없습니다. 모두가 다 대통령, 회장이 될 수 없는 것처럼 말입니다. 모두가 다 수석을 차지하고 최고의 자리에 오르는 것은 아닙니다.

➕ 우리들 대부분은 고민하고 번뇌하고 갈등하면서 비범한 삶보다는 평범한 삶을 살아갑니다.

➕ 평범함이 나쁜 것입니까? 아닙니다. 좋은 것입니다. 평범함이 우리 인생 대부분을 차지하는데 그 평범함을 좋아하지 않고 항상 비범함만을 짝사랑한다면 그것은 애처로운 일일 것입니다.

➕ 사람이 꿈을 꾼다는 것은 좋은 일입니다. 비전을 부르짖는 것도 좋은 일입니다. 그런데 하나님의 뜻을 추구하는 삶이 비전이지, 비범한 삶이 비전이 될 수는 없다고 생각됩니다. 우리 인생의 대다수를 차지하는 평범함을 놓치면 그것은 불행한 일입니다.

➕ 성경에서 시간을 뜻하는 단어는 두 가지가 사용됩니다. 크로노스와 카이로스입니다. 크로노스는 시계입니다. 연대기적인 시간의 흐름입니다. 나의 평범한 일상이

크로노스인 것입니다.

✚ 카이로스는 하나님의 개입이 있는 시간입니다. 하늘의 시간입니다. 카이로스는 하늘의 뜻이 땅에서도 이루어지는 바로 그 시간입니다. 카이로스는 내가 만들어 내지 못합니다. 오직 하나님의 개입으로, 하나님의 열심으로 하나님의 손길이 빚어 가시는 시간이 카이로스인 것입니다.

✚ 그런데 이러한 카이로스를 만드는 것은 무엇일까요? 단순하지만 일상의 묵상과 기도입니다. 오랜 시간을 고통과 씨름하고 하나님의 뜻을 찾으며 묵상과 기도로 보냈던 평범한 일상이 쌓여서 카이로스의 시간을 만드는 것입니다.

✚ 그러므로 평범해 보이는 일상 가운데 하나님과 동행하는 것이 중요합니다. 사소하게 보이지만 하나님의 뜻을 찾으면서 한 걸음씩 믿음의 행보를 옮기는 것이 중요합니다. 고통 가운데 포기하거나 주저앉는 것이 아니라 나를 부르신 하나님을 의지하면서 걸음을 옮겨야 합니다. 그것이 평범한 우리의 일상입니다.

✚ 요셉에게 크로노스는 노예로 살면서 믿었던 주인에게 배신당하고, 억울한 모함을 받아 죄수로서 보낸 13년이란 시간이었습니다. 마음속의 상처와 아픔이 있었습니다. 그러나 하나님 앞에서 살았기에 고통이란 독소가 요셉을 죽이지 못하고 오히려 하나님의 카이로스 시간에 상처 입은 치유자로 쓰임 받는 인생이 되었습니다.

✚ 모세에게 크로노스는 동족을 위해 살인을 저지르고 그 일이 탄로가 나서 도망자로 살았던 40년의 광야 생활이었습니다. 그는 광야에서 잊힌 인생을 살았습니다. 화려하게 주목받았던 애굽 왕자가 아니라 사막의 색을 닮은, 양을 치면서 똥을 털어내고 사막을 여행하며 양 떼를 이끄는 40년의 시간이 출애굽 여정의 예행연습이 되었습니다.

✚ 40년 후에 카이로스인 하나님의 때가 되자 이끄는 대상이 양에서 이스라엘 백성으로 바뀌었습니다. 싸우는 대적이 맹수에서 애굽의 권력자와 군사들로 바뀌었습니다. 일의 목적이 장인의 일에서 하나님을 위한 일로 바뀌었습니다.

✚ 다윗에게 크로노스는 장인 사울에 의해 쫓겨 다닌 광야를 방황한 13년의 시간이었습니다. 그를 연단시킨 용광로는 골리앗을 쓰러뜨린 전투에서가 아니었습니다. 사울은 천천이요, 다윗은 만만이라는 환호와 갈채의 순간도 아니었습니다.

✚ 다윗의 믿음의 용광로는 처절하리만큼 외로움과 싸워야 하고 사랑하는 사람들과 분리를 경험하고 광야와 황무지를 유리방황하는 시간이었습니다. 그때 그에게서 불순물이 빠졌습니다.

✚ 하나님의 카이로스 시간에 다윗은 부, 명예, 권력이 인생 목적이 아니라 하나님과 친밀해지는 것이 인생 목적이었습니다. 하나님을 찬양하며 하나님께 영광을 돌리는 사람이 되었습니다. 하나님의 마음에 합한 사람이 되었

습니다. 다윗의 카이로스는 광야의 고통 속의 크로노스의 시간 속에서 만들어졌습니다.

✚ 요셉의 13년 고통의 시간, 모세의 40년 잊힌 시간, 다윗의 도망자로서 광야를 유리방황하였던 13년 시간인 크로노스의 바로 이러한 시간들이 그들을 인격적으로, 신앙적으로 숙성시키는 시간이었습니다. 실상은 카이로스의 재료가 되었던 시간이었던 것입니다.

✚ 그러므로 기억하십시오. 고통의 시간을 무의미하기 낭비하면 썩는 시간이 되고 이 고통의 시간에 주와 동행을 선택하고 집중하고 반복하면 숙성의 시간이 되어 하나님이 쓰시기에 편한 사람이 됩니다.

✚ 하나님이 쓰시는 사람은 고통이 없는 사람이 아닙니다. 오히려 인생의 고통을 썩어가는 시간이 아닌 발효되어 숙성되는 시간으로 만들 줄 아는 사람입니다. 그들은 고통의 때에 묵상과 기도로 자신을 숙성시키는 삶을 살아가는 사람들입니다. 똑같은 음식도 썩으면 해롭습니다. 그런데 발효가 되고 숙성이 되면 이롭습니다.

✚ 고통이 똑같아 보이지만 어떤 사람들은 원망하고 불평하면서 썩어갑니다. 그런데 어떤 사람은 하나님 앞에서 묵상과 기도로 요리하면서 숙성시키고 발효를 시킵니다. 놀랍게도 그들은 상처 입은 치유자가 됩니다.

✚ 청년의 때, 모든 것이 쉽지 않습니다. 저는 서른 살을 앞두고 간신히 대

학교를 졸업하고 결혼도 서른여덟 살이 되어서야 했습니다. 비범함과는 거리가 멀어도 한참 멀었습니다. 그때 배운 것이 있다면 비범함이 아닌 평범함에 충실해야 한다는 것이었습니다. 특별한 사람이 되려 하지 않고 하나님 앞에서 말씀을 붙들고 씨름하는 사람이 되는 것이 방향성이 되었습니다.

✚ 저의 비전은 특별하고 거창하고 어떤 화려한 성과나 직책이나 위치가 아니라 하나님 그분이 비전이 되었습니다. 그분과 동행하는 삶으로 저는 만족합니다. 그것이 저를 숙성시켰고 저를 섬김의 자리로 이끌었고 저를 하나님을 더욱 사랑하는 사람으로 만들었습니다.

✚ 썩는 인생이 아니라 숙성되는 인생을 추구하십시오. 평범한 일상 가운데 고통의 문제를 통해서, 묵상과 기도 가운데 씨름하는 과정을 통해서 하나님께서 행하시는 일들이 있을 것입니다. 그것은 기나긴 기다림에서, 육체적 정서적 영적 병과의 싸움에서, 좌절된 꿈에서 하나님은 우리를 고치시고 싸매시고 치유시키시고 다시 세우신다는 것입니다. 그러므로 고통의 시간에 주님 앞에 머무르십시오.

✚ 무엇보다 비범함이 아닌 평범한 일상과 일터에서 하나님과 동행하십시오. 인생의 신비가 그때 일어납니다. 인생의 패러독스, 즉 역설적 진리를 그때 경험하게 될 것입니다.

# 꿈과 현실 사이에서 다리 놓기를 하십시오

청년의 때에 내가 꿈꾸던 삶과 현실 사이에서
어찌할 바를 모르고 방황하는 경우가 많습니다.
내가 원하는 직장은 있지만
현실적으로는 쉽지 않은 여러 상황들이 있습니다.
학자금 상환, 청년 가장, 정규직과 비정규직 사이에서의 고민,
스펙, 내가 생각하는 꿈과 현실 사이의 엄청난 괴리감…
기대했던 것과 현실의 차이에서 오는 실망감들이
곳곳에서 우리를 고민하게 합니다.
그러면 어떻게 해야 할까요?

✚ 그리스도인의 진로와 소명의 문제에 있어서 꼭 해야만 하는 작업이 있습니다. 그것은 내가 생각하는 꿈과 사회적 현실 사이에서 다리 놓기를 해야 한다는 것입니다. 간단한 7가지 원리를 소개합니다. 참고하셔서 여러분에게 적합한 방식으로 적용하시기 바랍니다.

✚ 첫째, 목표를 정하되, 하나님께서 빚어 가시도록 하십시오.

"또 여호와를 기뻐하라 그가 네 마음의 소원을 네게 이루어 주시리로다 네 길을 여호와께 맡기라 그를 의지하면 그가 이루시고 네 의를 빛 같이 나타내시며 네 공의를 정오의 빛 같이 하시리로다"(시 37:4-6).

✚ 우리 인생은 하나님을 기뻐하며 즐거워함이 모든 것의 우선순위입니다. 내가 목표를 정하지만 결과는 하나님께 맡기면서 주님과 함께 청년의 때에 미래를 향해 거침없이 도전하고 담대하게 모험하십시오.

✚ 둘째, 인내하며 꿈을 포기하지 마십시오. 그러나 꿈을 이루어가는 방식에는 오직 한 가지 길이 아닌 다양한 방식의 길이 있음을 알기 바랍니다.

"인내를 온전히 이루라 이는 너희로 온전하고 구비하여 조금도 부족함이 없게 하려 함이라"(약 1:4).

우리에게 주어진 꿈은 하루아침에 이루어지지 않습니다. 오랜 씨름과 치열한 전투들이 이어집니다. 그 과정에서 온전해져 가고 구비되어진다는 것이 성도에게 주어진 은혜입니다. 꿈은 한 가지 방식으로 이루어지지 않습니다.

✚ 다양한 방식으로 세상을 바라보아야 합니다. 참고로 저의 꿈은 고아를 돌보는 보육원 복지사였지만 지금은 목회자로 섬기면서 다양한 방식으로 보육원 봉사를 하고 있습니다.

✚ 셋째, 미래가 보이지 않아도 말씀을 붙들고 행동하십시오.

"믿음으로 아브라함은 부르심을 받았을 때에 순종하여 장래의 유업으로 받을 땅에 나아갈새 갈 바를 알지 못하고 나아갔으며"(히 11:8).

우리에게는 모든 것이 불투명합니다. 그래서 말씀을 의지하면서 기도하며 하나님의 인도하심을 받아야합니다. 불안과 두려움을 넘어서려면 말씀과 기도를 놓치지 마십시오. 하나님은 우리를 말씀과 기도로 인도해 가십니다.

✚ 넷째, 나에게 맡겨진 일이 있다면, 하나님을 신뢰하고 의지하면서 주께 하듯 일하십시오. 그래서 하나님께 은혜를, 사람들에게는 소중히 여김을 받으십시오.

"너는 마음을 다하여 여호와를 신뢰하고 네 명철을 의지하지 말라 너는 범사에 그를 인정하라 그리하면 네 길을 지도하시리라"(잠 3:5-6).

"무슨 일을 하든지 마음을 다하여 주께 하듯 하고 사람에게 하듯 하지 말라"(골 3:23).

내가 원치 않는 자리, 일, 직책과 직분, 상황이 종종 있습니다. 아니 어쩌면 참 많습니다. 그때마다 중요한 것은 그것이 누군가를 속이고 괴롭게 하는 나쁜 일이 아니라면 모든 직업은 소명이 있는 장소이고 그러므로 다 주께 하듯 해야 합니다. 이것이 성경의 원리입니다.

✚ 다섯째, 하나님께서는 우리에게 은사와 은혜를 베푸시며 인도하신다는 사실을 기억하십시오.

"너희는 더욱 큰 은사를 사모하라 내가 또한 가장 좋은 길을 너희에게 보이리라"(고전 12:31).

✚ 하나님께서는 우리에게 섬김을 위해 은사를 주십니다. 주신 은사를 따라서 살아갈 때에 우리는 행복해집니다. 그런데 은사 중의 가장 큰 은사는 사랑입니다. 무슨 일이든지 사랑으로 한다면 그것이 행복입니다. 우리가 하는 일이 때로 내가 원하지 않는 일일지라도 사랑함으로 한다면 그것을 통해 하나님께 영광이 된다는 것을 기억하십시오.

✚ 여섯째, 내가 도전하는 일에는 때로 유통기한이 필요합니다. 그러나 꿈의 유통기한은 무한정입니다.

"범사에 기한이 있고 천하 만사가 다 때가 있나니"(전 3:1).

✚ 청년의 때는 1년, 1년이 너무 소중합니다. 절대 그냥 버려진 시간이 되게 해서는 안 됩니다. 또한 무한 도전은 예능 프로그램임을 인식해야 합니다. 우리가 각종 시험과 고시를 도전하면서 무한 도전으로 10년, 20년 허송세월해서는 안 됩니다. 도전하는 때를 정해서 유통기한을 정하고 가급적 지키십시오. 한쪽 길이 막히면 다른 쪽 길로 돌아가는 것도 지혜입니다.

✚ 청년의 때를 백수로, 백조로 무한정 보내서는 안 됩니다. 꿈은 죽는 그날까지 꾸어야 하지만 직장과 직업을 찾는 일에 허송세월하지 마십시오. 가급적이면 삼세판을 권합니다. 세 번 정도 최선을 다해서 도전하고 그래도 길이 열리지 않으면 미련을 떨쳐 버리고 새 길을 찾아가라는 것입니다. 의외로 더 좋은 길이 종종 열리기도 합니다.

✚ 일곱째, 하나님을 사랑하는 자들에게는 모든 것이 합력하여 선을 이루어 간다는 것을 확신하세요.

"우리가 알거니와 하나님을 사랑하는 자 곧 그의 뜻대로 부르심을 입은 자들에게는 모든 것이 합력하여 선을 이루느니라"(롬 8:28).

✚ 마지막 원칙이 중요합니다. 삶이 내 뜻대로 흘러가지 않아도 정말 하나님의 손에 의해 빚어지고 있다면 모든 것이 합력하여 선을 이루어 갈 것입니다.

✚ 저는 이것을 확신합니다. 그리고 기억하십시오. 내 생각과 내 뜻대로 내가 정한 방식으로 사는 것보다 더 중요한 것은 하나님과 함께 날마다 동행하는 것입니다. 우리에게 가장 중요한 일은 어린아이처럼 주와 함께 길을 걸으면서 주의 얼굴을 구하는 것입니다.

# 우부 꿈까니!
# 하나님 나라를
# 위하여

"저에게는 항상 염려가 따라 다니고
걱정 근심이 붙어 다닙니다."
"미래에 대해서 자유로운 적이 없습니다."
대부분 사람들은 불안한 미래의 일들로 인해
염려가 떠나지 않습니다.
어떻게 하면 염려로부터 자유로워질 수 있을까요?
예수님을 믿으면서도
늘 염려하며 살아가는 이들에 대한 처방입니다.

✚ 사실 염려, 걱정, 근심은 하나님의 부재를 알려주는 신호입니다. 내 안에 하나님에 대한 믿음이 빈약해져서 충전하라는 신호인 것입니다. 스마트폰을 사용할 때 시간이 되면 충전된 것이 점점 줄어듭니다. 그대로 두면 작용을 하지 않습니다.

✚ 신자의 삶도 그러합니다. 영적인 만나와 메추라기인 성경 말씀을 통해서 매일 하나님에 대한 바른 믿음을 공급해 주어야 합니다. 계속해서 충전하지 않으면 믿음 없는 사람들과 똑같이 살아가게 됩니다. 그때 나타나는 증상이 염려입니다.

✚ 우리의 현실은 의,식,주 문제에 사로잡혀 무엇을 먹을까, 무엇을 마실까, 무엇을 입을까 염려하며 살아갑니다. 그러면 성도가 염려에 사로잡히지 않으려면 어떻게 해야 합니까? 예수님은 이렇게 대안을 제시하십니다.

"그런즉 너희는 먼저 그의 나라와 그의 의를 구하라 그리하면 이 모든 것을 너희에게 더하시리라"(마 6:33).

✚ 염려를 하지 않는 가장 좋은 방법은 적극적으로 하나님 나라를 추구하는 것입니다. 저는 남아공을 방문했을 때 열악한 환경 속에서 변화된 사람들의 이야기를 많이

들었습니다. 변화된 사람들의 공통점은 "우부 꿈까니!"(남아공의 코사어)였습니다. 이것은 영어로 "for the Kingdom!" 이란 뜻입니다. "하나님 나라를 위하여!" 이것이 삶의 목적과 방향이 될 때 사람들의 삶에 변화가 일어났습니다. 믿음의 목적과 방향은 "우부 꿈까니!" 입니다.

✚ 믿음은 무슨 일을 이루기 위한 성취의 도구나 방법이 아닙니다. 믿음은 이 세상의 허다한 문제들을 가지고 살아가는 가운데 각종 시험과 위협에도 굴하지 않고 하나님의 인도하심을 따라, 성경의 나침반을 따라 사는 선택과 결정입니다. 결국 믿음은 모든 선택과 결정의 상황에서 하나님 관점에서의 분별과 연결됩니다.

✚ 오늘날 성도들이 신앙생활을 제대로 하지 못 하는 이유는 무엇일까요? 성경이 가르치고 있는 하나님의 관점에서 보지 못하기 때문입니다. 성경이라는 렌즈를 통해서 세상을 바라보지 못하니까 하나님께서 내 삶을 어떻게 만들어 가려고 하시는지를 제대로 보지 못합니다. 잠시 아브라함을 만나 봅시다. 그는 어느 날 하나님의 직접적인 음성에 직면 합니다.

> "여호와께서 아브람에게 이르시되 너는 너의 고향과 친척과 아버지의 집을 떠나 내가 네게 보여 줄 땅으로 가라"(창 12:1).

✚ 여기에는 하나님과의 본질적인 만남이 자리합니다. 하나님의 인격성과 아브라함의 인격이 만납니다. 그리고 하나님의 지시하심이 자리합니다. 바로 이 지점이 진정한 믿음의 여정이 시작되는 곳입니다.

✚ 하나님을 만나면 인생은 변화됩니다. 변화가 없는 것이 비정상입니다. 신앙은 하나님을 만나면서 각종 어둠에서 떠나는 것입니다. 우상 숭배의 죄로부터 떠남입니다. 세상의 더럽고 추악한 욕구, 욕망, 욕심의 죄에 대해서 떠남입니다. 하나님이 싫어하시는 것들에 대해서 선긋기를 하는 것입니다. 분주하고 산만하고 조급한 삶에서 떠남입니다. 기도하는 시간, 말씀 앞에 머무는 삶의 자리를 확보하기 위해 떠남입니다.

✚ 오늘 우리는 잘 믿는다고 말하지만 하나님과의 관계 속에서 나타나는 인격적인 친밀함이 자리하지 않는 경우를 보곤 합니다. 떠나지 않았기 때문입니다. 떠남에서 신앙의 성장, 인격의 성숙이 일어납니다. 떠남에서 자기 중심에서 하나님 중심으로 아름다운 변화가 일어납니다. 신앙이 성장하고 성숙하는 사람들의 공통점은 떠남이 선명하다는 것입니다.

✚ 믿음이란 믿는 내용과 대상인 하나님에 대한 신뢰가 핵심입니다. 그러므로 결국 믿음의 대상과 내용이신 하나님을 의지하고 떠나는 데서 믿음의 여정이 시작됩니다. 이 믿음이 우리 내면에 자리하면서 염려라는 안개가 걷히고 믿음이 차지하는 만큼 우리 안의 불안과 두려움이 사라집니다.

✚ 결국 염려하지 않으려면 믿음을 선택하고 믿음의 여정을 떠나야 합니다. 변화는 하나님을 향해 떠나는 것에서 시작됩니다. 여러분의 신앙의 여정에서, 떠남을 통해 염려가 사라지고 하나님의 지시하심과 인도하심이 선명해 지기를 응원합니다.

PART 4

은혜 받았으면
세상 속으로
파고 들어가라

예배에 목숨을 걸라
하나님은 당신의 기도를 기억하신다
"그냥 믿어, 닥치고 믿어, 무조건 믿어." 이건 아닙니다
내가 교회인 줄 몰랐습니다
은혜 받았으면 세상 속으로 파고 들어가라
말씀을 성전 안에 가두지 말아야 합니다
네게 있는 것을 나누라
죽었니? 살았니?
부자가 아닌 부요한 자로 살라
하나님이 원하시는 것은 성공이 아니라 믿음이다
당신은 직장 속에서 누구입니까?

# 예배에
# 목숨을
# 걸라

예배 시간에 슬리퍼가 등장합니다.
쫄티에 배꼽티에 핫팬츠가 등장합니다.
예배당 안으로 커피와 햄버거와 음료수가 줄줄이 등장합니다.
장년과 노년 세대가
도저히 이해하지 못하는 광경이 연출 됩니다.
사실 이런 모습을 보고
버럭 소리를 지르며 야단칠 수도 있습니다.
반대로 아무런 감각 없이 스쳐 지나갈 수도 있습니다.
그렇다면 정말 이런 일들에 대해서
고민할 필요성이 느껴집니다.
'이 일을 어찌할꼬?' …
우리는 예배에 대해 고민해 보아야 합니다.

✚ 예배가 뭘까요? 예배의 대상은 하나님이십니다. 하나님은 누구신가요? 사랑의 하나님이 우리가 아는 하나님이십니다. 동시에 공의의 하나님이시기도 합니다. 우리는 전자를 크게 보고 후자를 작게 보지만 사실 동전의 양면처럼 동일하신 하나님이십니다.

✚ 그런 면에서 우리는 예배당이 야구장이나 축구장이나 콘서트장과는 차이가 있음을 인식해야 합니다. 전자는 하나님께 초점이 맞추어진다면 후자는 나에게 초점이 맞추어집니다. 전자는 하나님을 위한 헌신이 있는 시공간이라면 후자는 나를 위한 쾌락이 있는 시공간들입니다.

✚ 청년 사역을 하다 보면 고민이 되는 것 가운데 하나는 바로 이 예배당에서 일어나는 일들입니다. 장년이나 노년 세대에서 노발대발하시는 일들을 청년 세대에서는 대수롭지 않게 여깁니다.

✚ 심각한 것은 예배 시간에 음식을 먹고 음료를 마시고는 예배 시간이 끝나면 바람과 함께 사라지는 것입니다. 그들이 스치고 지나간 자리에는 커피가 흘러내리고 있고 음식 찌꺼기가 추잡스런 모습으로 남아 있습니다. 속으로 생각합니다. '이건 아닌데.'

✚ 분명 정도를 벗어나는 일들은 예배가 뭔지 모르는 데서 생겨나는 일에서 비롯됩니다. 그런 의미에서 다시금 예배를 깊이 들여다보아야 합니다.

✚ 번제, 소제, 화목제에 이어서 속죄제와 속건제가 있습니다. 전자는 제물의 종류로 분류를 한다면 후자의 경우엔 누가 드리느냐에 따라서 분류하고 있습니다. 다시 말하면 사회적 지위에 따라, 죄의 종류에 따라 죄의 대가 지불이 다릅니다. 사회적 지위가 높고 죄가 중할수록 제물의 수준도 높은 것이 요구됩니다. 이런 제사 제도를 볼 때 그만큼 하나님이 디자인하신 기독교의 도덕성은 수준급으로 볼 수 있을 것입니다.

✚ 속죄제는 죄를 범함으로 하나님과의 관계성이 깨어진 것을 회복하기 위해서 드리는 예배입니다. 하나님과의 관계 회복이 목적입니다. 어그러진 것을 바로잡고 깨어진 것을 원형으로 회복하는 예배인 것입니다.

✚ 여기엔 복음이 숨겨져 있습니다. 하나님께서 우리를 죄로 말미암아 깨어진 상태로 그냥 내버려 두시기를 원치 않으신다는 것입니다. 어찌하든지 원형으로 회복시켜 주시고자 하는 숨겨진 사랑을 볼 수 있어야 합니다.

✚ 예배 시간에 드리는 참회의 기도는 오늘 우리가 드리는 속죄제의 시간이기도 합니다. 또 속죄제의 의미를 알게 되면 예배 전에 미리 와서 예배를 준비하게 됩니다. 죄가 있는 상태로는 하나님을 만날 수 없기 때문입니다. 오늘 우리 예배가 뒤틀어진 것은 참회를 통해서 하나님 앞에서 먼저 깨어짐을 회복하지 않기 때문인 경우가 많습니다.

✚ 예배에 항상 지각을 하고 설교가 끝이 날 무렵 왔다가 축도가 시작될 무렵 사라지는 껍데기만 남은 예배에는 하나님의 임재와 치유가 드러나지 않습니다. 하나님의 용서를 깊이 경험하려면 준비하는 예배를 드려야 합니다. 예배 10분 전에는 미리 와서 묵상과 기도로 예배를 준비하십시오. 무엇보다도 죄를 통회하고 자복하는 참회의 시간을 꼭 가지십시오. 예배의 질이 달라지는 것을 경험할 것입니다.

✚ 예배는 생명을 담보하는 것입니다. 구약의 예배는 죄를 참회하고 속죄제를 통해서 관계성이 회복되지 않고 하나님께 나아가면 바로 죽임을 당했습니다. 오늘 우리가 죽지 않는 것은 예수님께서 우리를 대신해서 생명을 담보물로 이미 내어 주셨기 때문입니다. 여기에 예배의 감격이 존재하는 것입니다.

✚ 예수님이 나를 위하여 생명을 담보물로 주셨기에 나에게 주신 모든 것의 일부를 구별해서 드리는 예배는 결코 아까운 시간을 낭비하는 것이 아닙니다. 예배는 생명을 드려서 생명을 낳는 시간입니다. 그래서 진짜 예배를 드리게 되면 생명력 있는 삶이 회복되는 것입니다.

✚ 어떤 의미에서 겉치레보다 중요한 것은 마음의 중심부입니다. 속죄제는 외모로 판단하지 않습니다. 철저하게 중심을 보시는 것입니다.

✚ 오래전의 일입니다. 예배에 똥 싼 바지를 입은 10대들이 붐비기 시작했습니다. 신발은 기본적으로 슬리퍼였습니다. 머리엔 휘황찬란한 염색으로

빨주노초파남보 무지개가 떴습니다. 혀와 귀에는 피어싱들이 대오를 이루고 줄지어 서 있습니다. 그때 서서히 압력이 들어오기 시작합니다. "이 아이들 때문에 우리 자녀들까지 망칠까 염려 됩니다. 교회 못나오게 하세요."

✚ 정말 많은 고민이 되었습니다. 부모님 마음이 이해는 되지만 하나님 마음은 탕자의 귀향이었습니다. 무조건 신발 벗고 뛰어나가서 안아 주어야 한다는 것입니다. 오랜 고민 끝에 주일날 이 문제를 가지고 설교를 했습니다. "똥 싼 바지 입은 10대여, 교회로 오라."

✚ 설교를 하고 이전보다 아이들을 칭찬하고 더 격려했습니다. 무지개가 뜨면 "오 뷰티풀~ 이전에 나도 염색해 보고 싶었는데"라고 하며 등을 두드려 주었습니다. 아이들은 알고 있었습니다. 내가 마음에 들지 않아도 그냥 용납하고 받아들이려고 안간힘을 쓴다는 것을 잘 알고 있었습니다.

✚ 그 날 이후로 1년이 지나지 않아서 아이들은 더 이상 염색을 하지 않기 시작했습니다. 자발적으로 피어싱을 떼어 냈습니다. 슬리퍼에서 운동화로 신발이 바뀌었습니다. 분명한 것은 잔소리가 그 아이들을 바꾼 것이 아니라는 사실입니다. 야단을 치고 훈수를 두었기에 변화가 찾아 온 것은 아니었습니다.

✚ 아이들이 예배 가운데 하나님을 만나면서부터 변화가 일어났습니다. 그런 의미에서 우리는 형식의 문제를 꼬치꼬치 따지기보다는 본질을 담아내는 예배인지를 자문자답해 보아야 할 것입니다.

✚ 그때 일을 생각하면 마음속에서 속죄제의 의미가 떠오릅니다. 그리고 추하게 일그러진 모습의 음식 쓰레기를 주워 담습니다. 그저 와 주는 것만으로도 난 그들이 고맙습니다. 물론 커피나 음료수를 가지고 들어오는 것이 여전히 달갑지 않습니다. 그러나 용서 받은 자로서 나 또한 청년들의 흐트러진 모습을 책망하기 보다는 탕자의 귀향을 반기는 아버지의 품이 되어 주려고 발버둥 치는 것입니다.

✚ 나도 알고 있습니다. 예배는 성스러운 것이어야 합니다. 그런데 진짜 성스러운 것은 겉치레에 있지 않습니다. 오히려 마음의 중심부에 예수님의 마음을 담아내는 것이 중요할 것입니다. 예수님은 하나님의 기준을 지닌 분이셨지만 간음한 여인을 품어 주시는 넉넉한 품이 있으셨습니다. 사회적 지탄을 받았던 세리의 집에 들어가셔서 함께 어울리셨습니다.

✚ 그렇게 함으로 예수님이 변질되신 것은 아닙니다. 오히려 예수님과 함께 식탁 교제를 하고 시간을 보내었던 세리가 변했고 간음한 여인이 변화되었습니다. 이것이 주님을 만난 예배의 능력인 것입니다. 죄를 용서 받으면 은혜에 대한 감격이 생깁니다. 그 감격이 결국 삶의 흐트러진 틀을 바로잡도록 은혜에 대해 반응하게 합니다. 이게 속죄제의 능력입니다.

✚ 오늘 우리는 예배 가운데 속죄제의 의미를 담아낸다면 교회는 여전히 세상의 희망일 것입니다.

# 하나님은
# 당신의 기도를
# 기억하신다

우리가 하나님께 드리는 기도가
우리 인생에 영향을 끼치지 못하는
이유는 무엇일까요?
그저 입술로만 고백되어지는 기도는
공중에서 흩어져 버리는 먼지와도 같을 것입니다.
느헤미야의 기도를 통해
진짜 기도는 어떻게 하는 것인지 나누어 봅니다.

✚ 우리는 하나님이 기억하시는 기도가 있고, 하나님이 기억하시지 않는 기도가 있음을 알아야 합니다. 종종 우리가 하는 기도 중에서 어떤 것은 하나님 나라에서 무시되곤 합니다. 진짜 기도가 아닌 것은 스킵(skip)되는 것입니다.

✚ 기도를 하는데 진짜 기도가 아닌 것은 왜일까요?

1) 기도가 온통 욕망, 욕구, 욕심으로 얼룩져 있기 때문입니다.
2) 기도하고 아무런 행함이 없을 때입니다.
3) 형식적인 기도만 하고 하나님과의 인격적인 관계가 생략될 때입니다. 스마트폰에 빠진 현대인은 하나님과의 관계성과 가족과의 관계성이 약해져 갑니다. 각기 자기 소견에 좋을 대로 스마트폰을 들여다보지만 하나님과 깊은 인격적 만남이 빠진 기도와 약해진 관계는 현대인을 더 외롭게 하고 다양한 종류의 단절을 가져옵니다.

✚ 느헤미야는 하나님께 자신을 기억해 달라고 요청하며 복을 구하는 기도를 드립니다.

"또 정한 기한에 나무와 처음 익은 것을 드리게 하였사오니 내 하나님이여 나를 기억하사 복을 주옵소서" (느 13:31).

어떻게 이런 기도를 담대히 할 수 있었을까요? 스마트폰에 빠진 현대인이 꼭 배워야 할 부분을 느헤미야의 기도에서 발견합니다.

✚ 느헤미야의 기도가 하나님께 기억되는 것은 느헤미야가 드렸던 기도, 즉 하나님의 뜻을 추구하고, 하나님의 영광을 추구하는 기도가 삶과 함께 어우러졌기 때문입니다. 그는 개인적인 야망보다는 하나님 나라를 위하여 기도하며 동시에 기도한 대로 살아간 것입니다.

✚ 느헤미야는 단지 말로만 기도하는 사람이 아니었습니다. 그는 입술로 기도하면서 발로 뛰는 기도의 사람이었습니다. 현장에서 믿음의 실행력을 가진 기도의 사람이었던 것입니다.

✚ 우리의 기도가 우리 인생에 영향을 끼치지 못하는 것은 기도가 인격적이기보다는 비인격적일 때입니다. 기도와 삶이 만나지 못하는 기도는 하나님과의 만남이 없고 겉돌기 쉽습니다.

✚ 인격적인 기도는 아버지와 아들의 관계 속에서 드려지는 기도입니다. 물론 아들은 아버지의 계획을 이루어 가는 것이 기도의 목적이고 그 뜻을 더욱 정확하게 알고 선명하게 실천하기 위해 기도하는 것입니다. 그런 기도는 피상적이지 않습니다. 구체적입니다. 영적으로 추상적이지 않으며 현실적입니다.

✚ 오늘 우리가 드리는 많은 기도는 지나치게 실리적이어서 우리 자신의

요구만 관철하는 기도이거나 지나치게 추상적이어서 기도와 삶이 따로 분리되어서 기도가 삶에 어떠한 영향도 주지 못하는 경우가 많습니다. 전자는 무속적이고 후자는 율법적으로 흐르기 쉽습니다.

✚ 그런데 느헤미야의 생애를 연구하면 연구할수록 그는 하늘과 땅을 연결하는 기도를 드렸음을 알 수 있습니다. 그는 하나님 나라를 위하여 몸도, 마음도, 시간도, 물질도 헌신하는 자기희생적인 기도를 올려 드립니다. 동시에 기도하면서 하나님께서 주시는 감동과 감화를 따라서 구체적으로 행동하는 믿음으로 표현합니다.

✚ 그는 하나님이 지시하시고 인도하신 것에 순종하여 반응한 이후에 이렇게 기도를 드립니다.

> "내 하나님이여 이 일로 말미암아 나를 기억하옵소서 내 하나님의 전과 그 모든 직무를 위하여 내가 행한 선한 일을 도말하지 마옵소서"(느 13:14).

✚ 삶에 신앙이 녹아 있는 이들만이 드릴 수 있는 멋진 기도입니다. 그는 크고 거창한 것만 중요하게 여기지 않습니다. 크든 작든 하나님 나라를 위하여 행했던 모든 헌신과 섬김을 중요하게 여깁니다. 이것이 기도의 진정성에서 오는 건강한 신앙과 삶의 모습인 것입니다.

✚ 하나님은 우리의 기도를 기억하십니다. 하나님이 시키신 일에 순종하고 느헤미야처럼 기도하십시오.

"… 내 하나님이여 나를 위하여 이 일도 기억하시옵고 주의 크신 은혜대로 나를 아끼시옵소서"(느 13:22).

✚ 이 고백에서 우리는 느헤미야의 신앙이 삶과 만나고, 신앙이 일과 만나고, 신앙이 소명과 만나고, 신앙이 민족과 만나고, 신앙이 역사와 만나는 것을 발견하게 됩니다.

✚ 우리도 느헤미야처럼 기도하면서 순종함으로 삶을 재건한다면 어떤 일이 일어날까요? 아마도 여러분의 무너진 성벽은 재건될 것입니다. 그것이 큰일이든지 작은 일이든지 기도하면서 순종하는 그 모든 것이 하나님 나라와 연결되는 순간, 하나님은 당신의 기도를 기억하시고 주의 은혜로 아끼실 것입니다. 이것이 신앙의 맛과 멋입니다.

✚ 스마트폰 시대에 우리의 영성은 점점 위축되어 갑니다. 여러분이 스마트폰을 보는 시간이 늘어갈수록 영과 마음은 공허해질 것입니다. 그러나 기도의 시간이 늘어갈수록 정서적으로나 영적으로 충만해질 것입니다.

✚ 당신의 삶이 재건되기를 소원한다면 기도를 시작하십시오. 수시로 시간을 정하여 스마트폰을 내려놓고 하나님 앞에 머무는 시간을 가지십시오. 충동적이고 일시적이고 흥미 위주의 일상에서 떠나서 하나님 나라를 꿈꾸고 하나님의 뜻을 찾고 하나님 앞에 무엇을 재건해야 하는지를 진지하게 물으십시오. 그때에 하나님께서 당신의 기도를 기억하실 것입니다.

✚ 좋은 것은 모두 하나님께로부터 옵니다. 그러므로 기억하고 기대하십시오. 여러분이 하나님 한 분을 진심과 전심으로 찾게 될 때에, 그리고 하나님의 감동과 감화를 따라 순종함으로 여러분의 기도를 완성해 갈 그때에 하나님께서 당신의 기도를 기억하십니다.

## "그냥 믿어, 닥치고 믿어, 무조건 믿어." 이건 아닙니다

성경공부를 하면서 의외로 많이 듣는 말은
성경에 대해서, 신앙생활에 대해서 궁금증이 많은데
그것을 질문하지 못하게 한다고 하는 말입니다.
자꾸 질문을 하면 믿음이 없는 사람처럼 보일까 봐
염려된다고 말합니다.
정말 그럴까요?

✢ 사실 우리는 믿음이 좋은 척하고 있지만 믿음이 없는 경우가 많습니다. 그런데 교회를 오래 다녔기에 기본적인 것을 질문하면 믿음이 없어 보이는 사람으로 낙인이 찍힐까 봐서 궁금하지만 그냥 참고 살아갑니다.

✢ 그런 분들을 만나면 저는 "많이 질문해야 하고 또 질문을 해야 건강하게 믿음이 성장하고 성숙합니다."라고 권면을 합니다.

✢ 그러나 실상 교회 안에서 자주 듣는 말은 결국 "그냥 믿어, 무조건 믿어, 닥치고 믿어." 입니다.

✢ 저는 이런 현상이 결국 이단과 사이비가 번성하는 영적으로 오염된 토양이라고 봅니다. 무조건 믿으라니요? 그것은 아닙니다.

✢ 한국교회를 거짓과 미혹으로 어지럽힌 신천지라는 이단은 그야말로 성경을 가지고 그럴듯하게 풀어 가면서 정상적인 사고를 하지 못하도록 일종의 세뇌(?)를 시킵니다. 그래서 무엇이든지 가르치는 대로 믿게 만들어 버립니다. 결국 이단에서 들은 대로 믿으면 이단적 믿음이 생기고 마귀의 종노릇 하게 됩니다.

✚  건강한 기독교 신앙은 "이것이 과연 성경적인가?" 계속 질문해야 합니다. 이성과 지성과 감성이 만나고 어우러져서 전인격으로 통합되어야 합니다. 그래서 성경이 말씀하시는 본질을 찾아내야 합니다. 그 과정에서 현실의 여러 문제들에 대해서 성경 말씀을 삶으로 연결하는 작업들을 하게 되는 것입니다. 이러한 수고를 통해서 건강하고 바른 신앙이 자라나는 것이기 때문입니다.

✚  종교개혁이 일어나게 된 것은 허다한 종교 지도자들이 "무조건 믿어"라고 말하면서 성경적 믿음을 가르쳐 지키게 하지 않았기에 건강한 성경적 믿음의 회복을 위하여 일어난 것입니다. 종교개혁은 그런 면에서 본질로의 회귀입니다. 성경으로의 회귀입니다.

✚  종교 개혁자들은 현실의 문제들에 대해서 끊임없이 성경을 기준으로 생각하고 행동하고자 했습니다. 그 결과는 신앙과 삶의 괴리감을 해결하고 신앙과 삶이 통합되었습니다. 좋은 신앙은 좋은 삶을 통해서 드러나게 된 것입니다.

✚  그러므로 "닥치고 믿어"라는 말을 단호하게 거부하십시오. 사유가 없는 기독교 신앙은 가짜입니다. 그토록 많은 사람들이 이단과 사이비에 빠지는 이유도 깊이 있는 질문을 통해서 깊이 있는 사유를 하지 않고 세뇌를 시키는 대로 믿고 그것을 믿음으로 착각하기 때문임을 알아야 합니다.

✚  생각하는 성도여야 합니다. 분별하는 성도여야 합니다. 사유하는 성도

여야 합니다. 그래서 신앙과 인격이 잘 통합되어 삶의 현장으로 표현되어지는 성도여야 합니다. 이것이 성경적 신앙과 삶입니다. 이러한 신앙이라야 세상으로부터 손가락질 당하지 않고 세상을 품고, 세상을 섬기며, 세상을 변화시키는 그리스도인으로 성장하게 합니다.

✚ "그냥 믿어, 무조건 믿어, 닥치고 믿어." 이 무식한 말을 거부하고 거절하십시오. 여러분이 경험하는 모든 문제들에 대해서 '성경은 과연 무엇을 말하고자 하는가?'를 계속 질문하십시오.

> "너희는 이 세대를 본받지 말고 오직 마음을 새롭게 함으로 변화를 받아 하나님의 선하시고 기뻐하시고 온전하신 뜻이 무엇인지 분별하도록 하라"(롬 12:2).

✚ 오늘도 성경을 통해서 보고 듣고 배우고 분별한 하나님의 선하시고 기뻐하시고 온전하신 뜻을 삶의 자리에서 행함이 있는 믿음으로 연결하여 살아가시길 응원합니다.

# 내가
# 교회인 줄
# 몰랐습니다

교회란 무엇일까요?
교회에 대해 어떻게 생각하는가에 따라서
신앙생활이 달라집니다.
오늘날 철새 교인이 늘어난다고 합니다.
자기 생각을 따라서
쉽게 교회를 옮겨 다니는 이들이 많아집니다.
그들 가운데 상당수는
교회에 대한 불평불만이 많습니다.
한번쯤은 진지하게 교회에 대해 성찰해 보아야 합니다.

✚ 우린 교회에 대해서 불평을 할 때가 자주 있습니다. 교회가 이것도 안 하고 저것도 안 한다는 말을 자주 하곤 합니다. 그래서 시험에 들기도 하고 결국엔 교회를 떠나기도 합니다. 저 또한 그랬습니다. 교회에서 해야 한다고 생각하는 일을 하지 않는 것에 대해서 불평불만이 많았습니다.

✚ 신앙적으로 철이 들면서 제 생각이 바뀌기 시작했습니다. 교회가 건물이 아니라 사람인 것을 깨닫기 시작한 것입니다. "사람이 교회다." 이것이 쉬운 정답인데도 확실히 인식을 하기까지는 시간이 걸린 것입니다.

✚ 그때부터 관점의 변화가 나타났습니다. 교회의 주인이 목회자나 장로님이라고 생각했었던 오해와 편견에서 헤어 나오기 시작했습니다.

✚ 심지어 교회 헌금을 목사님이나 장로님이 다 가져가는 줄 알고 목회자가 부자라고 오해를 하기도 했습니다. 그런데 사람이 주인 노릇 하는 교회는 병든 교회임을 깨달았습니다.

✚ 교회의 주인은 목사님도, 장로님도 아닌, 오직 예수 그리스도 한 분이심을 알기 시작한 것입니다. 그때부터

베드로의 고백이 이해가 되었습니다.

> "시몬 베드로가 대답하여 이르되 주는 그리스도시요 살아 계신 하나님의 아들이시니이다"(마 16:16).

✚ 예수님이 유일한 구원자이십니다. 예수님이 하나님께 보냄을 받으신 교회의 머리가 되십니다. 이 고백이 쉬운 것 같으나 중심부에서 이 고백이 드려진다면 변화되지 못할 인생은 없을 것입니다.

✚ 교회의 주인이 예수 그리스도이고 교회는 건물이 아니라 교회에 모인 거듭난 그리스도인이 교회라는 것을 깨닫고 삶의 고백으로 연결이 되어 변화된 삶을 살기 시작한 것은 오랜 고뇌의 시간을 거쳐서입니다.

✚ 예수 그리스도가 주인이 되시자 삶에 선명한 변화가 찾아왔습니다. 그때부터 계속해서 저 자신을 말씀에 비추어 보기 시작했습니다. 그리고 더 이상 다른 사람들을 보면서 이전처럼 교회에 대해 실망하거나 실족하지 않게 되었습니다. 왜냐하면 예수님께서 병든 자를 부르시고 고치시는 곳이 교회 공동체임을 깨달았기 때문입니다.

> "예수께서 들으시고 이르시되 건강한 자에게는 의원이 쓸데없고 병든 자에게라야 쓸데있느니라 너희는 가서 내가 긍휼을 원하고 제사를 원치 아니하노라 하신 뜻이 무엇인지 배우라 내가 의인을 부르러 온 것이 아니요 죄인을 부르러 왔노라 하시니라"(마 9:12-13).

✚ 교회 안에는 병든 이들이 많습니다. 육체뿐 아니라 마음과 영이 병든 사람이 많습니다. 관계가 병든 사람이 많습니다. 그래서 교회 안에 문제가 많이 생기는 것입니다. 교회는 치유가 현재진행형으로 일어나는 곳이기에 연약함과 부족함이 있음도 인정하게 되었습니다.

✚ 그런데 세상은 교회를 자신들보다 온전한 집단이 되어야 한다고 생각하면서 세상보다 높은 기준을 요구합니다. 그래서 이런 말을 자주 합니다. "교회를 다니면서 왜 그래? 교회 다니면서 왜 그 모양이야?" 참 부담스러운 말입니다.

✚ 그런데 이 말은 꼭 들어야 하는 말이기도 합니다. 우린 내적으로는 연약함과 부족함을 인식해야 하지만 동시에 외적으로는 세상의 소리를 귀 담아 듣고 개혁과 갱신을 이어가야 합니다. 그래야 교회가 건강해집니다.

✚ 우리가 교회라면 초점은 우리가 먼저 변화가 되어야 하는 것이 맞습니다. 그래서 세상이 우리를 하나님의 사람으로서, 진정한 교회로서 살아가도록 채찍질을 하는 것입니다. "네가 누구인지를 알라"는 것입니다.

✚ 그렇습니다. 우리가 교회입니다. 결국 우리가 세상 속에서 교회로서 존재하여야합니다. 예수님은 그것을 이렇게 표현하셨습니다.

"너희는 세상의 소금이니 소금이 만일 그 맛을 잃으면 무엇으로 짜게 하리요 후에는 아무 쓸데없어 다만 밖에 버려져 사람에게 밟힐 뿐이니라 너희는 세상의 빛이라 산 위에 있는 동네가 숨겨지지 못할 것이요 사람이 등불을 켜서 말 아래에 두지 아니하고 등경 위에 두나니 이러므로 집 안 모든 사람에게 비치느니라 이같이 너희 빛이 사람 앞에 비치게 하여 그들로 너희 착한 행실을 보고 하늘에 계신 너희 아버지께 영광을 돌리게 하라"(마 5:13-16).

✚ 교회는 건물이 아닌 사람입니다. 그래서 교회는 세상 속에서 소금처럼 맛을 내어야 합니다. 녹지 않으면 버려집니다. 오늘 세상이 교회를 외면한다면 교회인 우리 자신이 녹지 않기 때문일 것입니다. 소금이 맛을 내는 한 세상은 결코 버릴 수 없습니다.

✚ 오늘 교회는 세상에 빛으로 존재해야 합니다. 세상에서 들려오는 소리는 어둡고 칙칙한 소리들입니다. 지도자라는 이들은 부정과 부패와 불법의 패키지입니다. 그래서 교회가 빛이 되어 어두움을 제거해야 합니다. 그것이 세상이 요구하는 교회를 향한 바람입니다. 당신들마저도 그렇게 살아서는 안 된다는 것입니다.

✚ 결국은 사람입니다. 그리고 나 자신이 중요합니다. 내가 예수 그리스도를 주요 그리스도로 인정하고 산다면 내가 교회임을 자각해야 합니다. 그리고 일상과 일터에서 '예수님이라면 어떻게 하실까?'를 더욱 고민해야 합니다. 그 고민을 삶으로 풀어가는 것이 신앙생활일 것입니다.

✚ 더 이상 사람 때문에 교회를 떠나거나 실망하지 마십시오. 오히려 교회의 요소 가운데 하나는 영적 병원임을 기억하시고 더 나아가 내가 교회가

되어야 함을 인식하십시오. 그리고 교회가 하지 않는다고 생각하는 중요한 그 일들을 교회인 내가 하겠다고 생각하고 그 일을 하십시오. 그것이 하나님을 기쁘시게 하고 세상 가운데 소금과 빛으로 존재하는 그리스도인의 라이프 스타일입니다.

✚ 기억하십시오.

"사람이 교회입니다. 내가 교회입니다."

# 은혜 받았으면
# 세상 속으로
# 파고 들어가라

의외로 교회에 붙어 있으면 신앙이 좋고
세상에 머물면 신앙이 나쁘다고 생각하는 이들이 많습니다.
그래서 은혜 받으면
무조건 교회에 텐트를 치려고 합니다.
그리고 신학을 하고 전임 사역자가 되려는 것은
거룩한 일이라고 생각하고
세상 속에서 자신이 하는 일은
비천하고 비루하게 생각하는 경우가 많습니다.
심각한 오해이고
한번쯤은 제대로 짚고 가야 할 문제라고 생각됩니다.

✙ 특별한 은혜를 경험하면 청년들이나 장년들이나 공통적으로 교회를 좋아하게 됩니다. 그래서 틈나는 대로 교회에 붙어 있으려고 합니다. 성경을 읽고 기도를 하고 교제도 합니다.

✙ 목사로서 교회에 붙어 있는 것이 나쁘다고 보지는 않습니다. 그렇다고 교회에만 붙어 있다고 해서 신앙이 좋다고 보지도 않습니다. 목회나 선교적 부르심이 선명하면 신학을 해야겠지만 단지 신학을 한다고 해서 더 신앙이 좋거나 거룩하다고도 생각하지 않습니다.

✙ 부흥회나 수련회를 마치면 청년들이 옹기종기 교회에 모여 듭니다. 저는 청년들이 교회에서 하루 종일 보내는 날이 길어질수록 긴장이 됩니다. 왜냐하면 기나긴 시간들을 잡담과 수다로 일관하는 현상을 목도하기 때문입니다. 그렇다고 교회에 오는 청년들을 내쫓는 것도 매정한 일이라 생각되어서 그냥 지켜만 볼 때가 더러 있습니다.

✙ 그러면 진짜 은혜 받은 증표는 무엇인가요? 진정한 은혜는 교회 속으로만 모여 텐트 치고 허송세월을 보내게 하는 것이 아니라 오히려 세상 속으로 치열하게 파고 들어가게 한다고 믿습니다. 변화산에서 받은 은혜와 영감은 그곳에 텐트 치고 살도록 하기 위함이 아니요, 세상

을 변화시키는 원천이자 능력이 되도록 하기 위함이라고 믿습니다.

✚ 그런 까닭에 은혜 받으면 잘 다니던 직장에 사표를 쓰고 신학을 하는 것은 정상이 아닙니다. 아주 특수한 소수의 경우에 해당하는 것입니다. 일반적으로는 은혜 받았으면 회사 일을 더 최선을 다해서 처리하고 자기 분야에서 탁월성(달란트대로)을 추구하는 것이 은혜에 대한 정상적인 반응입니다.

✚ 그런 면에서 다시 생각해 봅시다. 은혜 받았으면 거룩한 왕따가 되는 것이 정상인가요? 아니면 더 인간관계가 좋아지고 세상 속에서 그리스도인으로서 소금과 빛이 되는 것이 정상인가요? 저는 후자라고 생각합니다.

✚ 아무리 생각해도 은혜는 세상 속으로 우리를 파송하게 합니다. 어둠이 있는 곳에 나의 빛의 밝기만큼 밝히는 역할을 합니다. 부패하고 썩어가는 곳에 녹아 들어가서 내 안의 거룩의 농도만큼 그곳을 건강하게 바꾸는 일을 하게 합니다.

✚ 나는 학생이 은혜를 받으면 일반적으로 더 공부를 열심히 하게 되고 학점이 올라간다고 믿습니다. 예배자의 마음으로 최선을 다하기 때문입니다. 나는 직장인이 은혜를 받으면 이전보다 더 성실하게 일을 하게 되고 기도하면서 창조적으로 일하게 된다고 믿습니다. 주께 하듯 일하기 때문입니다.

✚ 주께 하듯 한다면 대충 시간을 낭비하는 식으로 일을 할 수 없습니다. 성령께서 그 사람을 충동질하여 양심이 찔리기 때문입니다. 그래서 돌이켜

서 모든 일을 진심과 전심을 쏟아서 하게 됩니다.

✚ 나는 연인들이 은혜를 받으면 지킬 것은 지키고 아낄 것은 아끼면서 육체의 정욕을 향하는 것이 아니라 돕는 배필로서 준비하면서 성경적 질서를 따라 살아가게 된다고 믿습니다. 진정한 은혜는 내 형제 자매를 대하듯 대하기 때문입니다. 내 정욕대로 대할 수 없고 하나님의 은혜와 진리를 따라서 대하게 되는 것입니다.

✚ 나는 청년들이 새벽에 교회에 나와서 말씀을 듣고 기도하고 큐티하는 것을 무척 좋아합니다. 그런데 하루 종일 교회를 아지트 삼아서 수다만 떨고 놀고만 있으면 그것이 좋은 믿음은 아니라고 생각합니다. 변화산에서 깊은 은혜를 받았다면 세상 속에 들어가서 거룩의 능력을 붙들고 일터와 일상에서 진검 승부를 이어가야 합니다.

✚ 은혜의 진정한 결과는 고립되거나 분리되는 것이 아니라 세상 속에 녹아서 맛을 내는 것입니다. 은혜 받았다는 것을 교회에 머무는 것으로 드러내지 마세요. 진정한 은혜는 꽁꽁 얼어붙은 일상과 일터로 들어가서 자신이 머무는 곳에서 녹아지는 것이고 어둠을 밝히는 것으로 일상과 일터를 꽃 피우는 삶으로 드러내는 것입니다.

✚ 청년들이여, 은혜를 받으세요. 그것도 듬뿍 받으세요. 그래서 기도하면서 공부하고 공부하면서 기도하세요. 일하면서 기도하고 기도하면서 일하세요.

# 말씀을
# 성전 안에
# 가두지
# 말아야 합니다

오늘날 그리스도인은
세상에서 날지 못하는 경우가 많습니다.
신앙과 삶이라는 두 날개가 있어야 날 수 있는데
신앙의 날개 짓만 계속하다가
삶이라는 날개 짓을 거의 하지 않으니
퇴화가 되어서 날지 못하고 추락하는 것입니다.
그것은 하나님이 원하시는 모습이 아닙니다.

✚ 우리는 신앙생활을 해 오면서 교회 중심으로 너무 길들여져 왔는지도 모릅니다. 그래서 교회 밖에서는 방황하는 이들이 의외로 많습니다.

✚ 하나님의 전을 사랑하고 섬기는 교회 중심의 삶은 중요합니다. 저는 교회와 집은 가까울수록 좋다고 생각합니다. 틈나는 대로 교회에 와서 기도하고 묵상을 하는 것이 꼭 필요하다고 생각합니다.

✚ 그러나 교회 밖의 삶을 경시한다면 그것은 위험한 일입니다. 오늘날 일어나는 숱한 문제는 교회 내부에만 매몰되어서 교회 바깥을 변화시키는 능력을 상실하였다는 것에서 원인을 찾을 수 있습니다.

✚ 세상보다 더 추악한 죄가 있어도 세상의 수준에 못 미치는 치리의 기능을 상실한 교회 모습을 보면서 우리는 무너진 성전을 볼 수 있는 눈이 열려야 합니다.

✚ 에스라는 스룹바벨과 함께 돌아온 이들이 성전을 재건하였다는 소식을 들었습니다. 이것은 감사하고 감동스러운 일입니다. 1차 포로 귀환자들의 헌신은 높이 평가해야 합니다.

➕ 그런데 놓치지 말아야 할 것이 있습니다. 그들은 눈에 보이는 성전을 재건했지만 눈에 보이지 않는 내면의 성전은 재건하지 못했다는 것입니다. 그 증거는 무엇입니까?

➕ 첫째, 이스라엘에 살고 있었던 이들이나 포로에서 귀환한 이들이나 이방 여인들과 통혼이 보편화되어 있었다는 것입니다. 이는 도덕적으로나 가정적으로 허다한 문제가 있었음을 암시하는 대목입니다. 더 나아가 신앙적 순결과 순수성을 유지하기가 힘들었을 것임을 알 수 있습니다.

➕ 둘째, 세금의 문제가 심각했습니다. 쉽게 표현하면 부정과 부패가 난무하고 불의와 불법이 판을 치면서 사람들은 공의에 대한 감각을 잃어버리고 살아가고 있었다는 점입니다.

➕ 셋째, 경제적으로는 빈익빈 부익부의 양극화가 심화되었다는 것입니다. 각종 고리대금업이 판을 치면서 약자들을 더 괴롭게 했습니다.

➕ 이에 대해서 에스라는 들었을 것입니다. 에스라가 특히 주목한 것은 가정의 파괴가 가져오는 후폭풍에 대한 것이었습니다. 이방 여인들과 통혼의 문제를 하나님의 관점으로 바라보면서 가정이 깨어지는 것에서 신앙이 깨어지는 것을 발견합니다.

➕ 그렇다면 에스라는 어떻게 대안을 마련합니까?

✚ 눈에 보이는 성전 재건에서 끝내지 말고 눈에 보이지 않는 성전인 하나님의 백성들의 삶을 재건하기로 결심합니다. 에스라의 2차 포로 귀환의 결정적인 동기가 바로 이것입니다.

> "에스라가 여호와의 율법을 연구하여 준행하며 율례와 규례를 이스라엘에게 가르치기로 결심하였었더라"(스 7:10).

✚ 에스라는 이스라엘 민족의 고통을 외면하지 않았습니다. 그의 기도와 묵상은 현실 세계를 외면하는 것이 아니라 현실 세계를 개혁하고 갱신하는 원동력이 되었습니다. 신앙을 성전 속에만 가두어 두는 것이 아니라 세상을 변화시키는 하나님의 능력으로 해석한 것입니다.

✚ 하나님은 신앙과 삶의 분리와 단절을 기뻐하시지 않습니다. 오히려 신앙과 삶이 균형과 조화를 이루어서 신앙이 삶으로 표현되고 드러나기를 원하십니다. 퍼드덕거리지만 날지 못하는 교회는 다른 한쪽 날개에 힘이 생겨야 날 수 있을 것입니다.

✚ 기억하십시오. 진짜 좋은 신앙은 하나님의 선하시고 기뻐하시고 온전하신 뜻을 분별하고 세상 속에서 소금과 빛으로 살아가는 것입니다.

✚ 여러분의 신앙을 성전 안에만 가두지 마십시오. 하나님이 우리에게 요구하시는 것은 세상이 신앙 고백의 현장이 되는 내면의 성전이 회복되는 삶입니다.

# 네게
# 있는 것을
# 나누라

청년의 때에 이해하기 힘든 일이 있었습니다.
소위 믿음이 좋다고 하는 분들은
사회봉사와 섬김에 무관심하고
심지어 사회 정의를 위해서 일하는 분들을
배타적으로 대하면서
오직 교회 속에 머문다는 것이었습니다.
복음과 사회 참여는 늘 고민의 대상이었습니다.
복음과 사회 참여, 과연 적인가요, 동지인가요?

✚ 루쉰의 〈고향〉에는 이런 글귀가 있습니다.

"희망이란 본래 있다고도 할 수 없고 없다고도 할 수 없다. 그것은 마치 땅 위의 길과 같은 것이다. 본래 땅 위에는 길이 없었다. 한 사람이 먼저 가고 걸어가는 사람이 많아지면 그것이 곧 길이 되는 것이다."

✚ 그리스도인은 길을 만드는 인생들입니다. 생명의 길, 나눔의 길, 변화의 길을 만드는 사람들입니다. 그것은 어떻게 가능합니까?

"내가 기뻐하는 금식은 흉악의 결박을 풀어 주며 멍에의 줄을 끌러 주며 압제 당하는 자를 자유하게 하며 모든 멍에를 꺾는 것이 아니겠느냐"(사 58:6).

✚  이것은 하나님을 만난 사람들에게 주시는 말씀입니다. 금식은 가장 종교적인 행위에 해당하는 것입니다. 먹는 즐거움도 포기하고 하나님께 집중하는 행위이기에 가장 영적인 집중도가 필요하면 금식을 하곤 합니다.

✚ 그런데 이사야서는 조금 색다른 금식을 요구하고 있습니다. 육체의 금식에서 그치지 말라고 합니다. 하나님은 마음의 금식을 요구하며 더 나아가 영혼의 금식을 요

구하신다는 것입니다. 흉악의 결박, 멍에의 줄, 압제 당하는 자는 누구입니까? 그 시대에 가장 연약하고 소외된 이웃을 말하는 것 입니다. 자유와 인권과 인간의 존엄성을 잃어버린 형제 자매들의 비참한 삶의 실제를 기억하면서 "그들을 도우라"는 것입니다.

✚ 그러면 어떻게 도울 수 있습니까? 금식의 실제적인 의미를 여기에서 발견하게 됩니다. 진정한 금식은 음식의 절제와 더불어 나의 필요를 절제하면서 나보다 더 어렵고 힘든 이들의 필요를 채워주는 구체적이고 실제적인 삶으로 이어진다는 것을 성경은 말하고 있습니다.

✚ 이것은 눈에 보이지 않는 하나님에 대한 사랑이 사람들의 눈에 보이는 일상의 구체적인 삶으로 표현되어야 하고 증명되어야 함을 의미합니다. 이사야 58장 7절은 세상을 향한 섬김을 더 구체적으로 설명합니다.

> "또 주린 자에게 네 양식을 나누어 주며 유리하는 빈민을 집에 들이며 헐벗은 자를 보면 입히며 또 네 골육을 피하여 스스로 숨지 아니하는 것이 아니겠느냐"(사 58:7).

✚ "네게 있는 것을 나누라"는 것입니다. 저는 이 말씀이 분단 시대의 대안이고 빈익빈 부익부의 양극화된 사회의 치유와 회복의 비밀이라고 봅니다. 대안이라는 것을 알면서도 말씀을 듣고 잊어버리고 실천하지 않는 것은 무엇입니까? '영적 치매 현상'입니다. 이사야는 이런 부류의 종교인을 강력하게 책망합니다.

✚ 하나님의 말씀을 듣고 전혀 실행하지 않는 사람들을 한국적 표현으로 '얼빠진 사람'이라고 합니다. 얼이 없는 사람들, 즉 얼빠진 사람들은 남은 생각하지 않고 오직 자기 속에 매몰됩니다. 얼의 성경적 표현은 '생기, 생령'에 해당할 것입니다. '생기'가 없으면 살았으나 실상은 죽은 자입니다. '생기, 생령'이 있어야 진짜 사람다운 사람입니다.

✚ '생기, 생령'이 있는 사람들은 끊임없이 자신의 시선이 세상을 향한 하나님의 시선과 마주칩니다. 그들은 하나님 앞에 홀로서기를 합니다. 동시에 세상 속에서 구별됨의 능력을 가지고 세상과 더불어 서기를 합니다. 오늘날 우리 주변을 둘러보면 방황하며 헐벗은 이웃들이 많습니다. 이들을 외면해서는 안 될 것입니다.

✚ 진정한 금식은 하나님을 만나게 하고 하나님의 마음으로 세상 속으로 파고 들어가게 합니다. 복음이 사회 참여로 이어지는 것입니다. 복음이 없는 사회 참여는 자기 의에 사로잡힌 사람으로 만듭니다. 동시에 사회 참여 없는 복음은 위선과 거짓으로 가득 찬 자기중심적인 종교인을 만들기 쉽습니다.

✚ 복음과 사회 참여를 간단히 설명하면 "하나님을 향한 사랑을 세상 속에서 섬김으로 표현하라"는 것입니다. 하나님의 사랑을 경험했다면 세상의 문제에 대해 무감각, 무책임, 무기력해서는 안 된다는 것입니다. 그보다는 하나님의 손과 발이 되어 세상을 치유하는 것으로 표현되어지는 것임을 기억하고 주님과 함께 세상 속으로 들어가야 할 것입니다.

# 죽었니?
# 살았니?

교회 혹은 공동체 모임에서
여러 사람과 교제하며
너무나도 인간적인 모습들을 많이 보게 됩니다.
'저 사람이 과연 예수 믿는 사람인가?'
라는 생각이 머리를 스치며
그때마다 시험에 들곤 합니다.
어떻게 이해하면 좋을지 이야기해 봅시다.

✙ 어릴 적 즐겨 했던 놀이 가운데 '여우야, 여우야 뭐하니?'라는 놀이가 있습니다. "여우야, 여우야 뭐하니? 밥 먹는다. 무슨 반찬?…" 이렇게 노래를 주고받다가 마지막으로 술래에게 질문을 던집니다. "죽었니? 살았니?"

✙ 술래가 살았다고 외치면 모든 아이들은 안전지대로 달려갑니다. 안전지대에 도달하기 전에 술래에게 잡히게 되면 본인이 술래를 해야 하므로 있는 힘껏 달려서 안전지대로 들어가야 합니다.

✙ 이 놀이를 생각하다가 오늘 우리의 영적인 현실을 생각하게 되었습니다. 우리 시대에는 그 어느 때보다도 치열한 영적 전쟁이 계속 되고 있습니다. 총성 없는 전쟁이 현실에서 계속 벌어지고 있습니다. 이 전쟁은 휴전도 없이 이어지고 있는 것입니다.

✙ 청년들의 삶의 자리를 들여다보면, 청년들은 잉여 인간이 되어 갑니다. 잉여 인간이라면 눈에라도 보이지만, 더 심각한 것은 많은 청년들은 투명 인간이 되어 간다는 것입니다. 그들에게 미래는 아득하기만 합니다. 세상은 고층 빌딩으로 채워져 가는 동안, 청년들은 점점 변두리로 밀려나 어쩔 수 없이 어두운 공간으로 들어가고 있습니다.

✚ 우리 시대 청년들이 살아가는 공간은 지하방, 옥탑방, 2평 미만의 고시원인 경우가 허다합니다. 인권을 논하기 이전에 생존권 문제로 허덕이고 있습니다. 아무도 그들을 책임지려 하지 않습니다.

✚ 부모님은 세상이 말하는 부, 명예, 권력의 부스러기조차도 없기에 아무런 힘이 없고 권력은 투표 시기를 제외하고는 그들에게 눈길조차 주지 않습니다. 그러니 투명 인간인 것입니다.

✚ 더 심각한 것은 그들 스스로도 자포자기하고 마이너리그 인생이라고 생각해 버린다는 것입니다. 그들은 종종 이런 생각을 하곤 합니다. "나는 루저다" 이러한 청년들의 절망은 자살 1위라는 불명예로 표현되고 있습니다.

✚ 청년들이 이런 식으로 죽지 않아야 합니다. 차라리 저항을 하기 바랍니다. 차라리 데모를 하기 바랍니다. 그렇게 해서 세상은 침묵하는 것으로 바뀌지 않는다는 것을 철저히 인식하기 바랍니다.

✚ 침묵은 이상(비전)에 대한 죽음입니다. 저항은 생명력의 표현입니다. 우리 몸도 생명력이 있다면 나쁜 바이러스에 대해 강력하게 저항합니다. 그러나 생명력을 잃어버리면 아파하기만 하며 시름시름 앓기만 합니다.

✚ 청년들에게 영적 생명력이 있다면 십자가 위에서 죽을 줄 알아야 합니다. 세상과는 죽는 법이 다른 것입니다. 생명력 있는 그리스도인은 죄에 대해서 죽고 의에 대해서 살아 하나님의 선하시고 기뻐하시고 온전하신 뜻을

분별하면서 세상을 건강하게 만드는 일에 헌신합니다.

✚ 청년의 때에 우리 신앙은 살아있습니까? 죽어있습니까? 청년의 때에 깨어서 기본으로 돌아가야 합니다. 본질로 돌아가야 합니다. 근원으로 돌아가야 합니다.

> "하나님의 등불은 아직 꺼지지 아니하였으며 사무엘은 하나님의 궤 있는 여호와의 전 안에 누웠더니"(삼상 3:3).

✚ 사무엘은 성전의 하나님의 궤 앞에 머물렀습니다. 다시 말해서 하나님의 말씀이 있고, 거룩함이 있고 하나님의 임재가 있는 시공간 속에 머문 것입니다. 청년의 때에 우리는 변화를 꿈꾸지만 머물러야 하는 곳에 오래도록 머물지 못합니다. 오히려 이리저리로 도피 행각을 즐깁니다. 그 결과는 무엇인가요?

✚ 하나님의 음성 듣는 법을 배워야 하는데 그 음성을 듣지 못합니다. 살아계신 하나님을 인격적이고도 실제적으로 만나야 하는 시기를 놓쳐 버리고 마는 것입니다.

✚ 출애굽을 해야 하는 하나님의 백성들이 출세를 하겠다고 하나님을 떠나 애굽으로 돌아가는 것입니다. 이러한 서글픈 영적 현실 앞에서 울 수 있어야 합니다.

✚ 이제 우리는 영적 암흑기인 시대 상황 속에서 나태와 안일함 그리고 치명적인 영적 게으름에 대해서 선 긋기를 해야만 할 때입니다. 그대로 간다면 치명적인 죽음이 기다리고 있을 뿐입니다.

✚ 성경은 말합니다.

"그러므로 이르시기를 잠자는 자여 깨어서 죽은 자들 가운데서 일어나라 그리스도께서 너에게 비추이시리라 하셨느니라"(엡 5:14).

✚ 깨어서 하나님의 음성을 들으십시오. 깨어서 죄로부터 도망치십시오. 깨어서 과거의 더러운 옛 습관을 청산하십시오. 깨어서 어둠의 일을 버리고 낮에 속하십시오. 깨어서 하나님 앞에 선 예배자로 살아가십시오. 깨어서 이상(비전)을 보십시오. 깨어서 하나님의 인도하심을 받으십시오. 아직 살아 있다면 깨어서 반응하십시오.

"여호와께서 임하여 서서 전과 같이 사무엘아 사무엘아 부르시는지라 사무엘이 이르되 말씀하옵소서 주의 종이 듣겠나이다 하니"(삼상 3:10).

✚ 영적으로 깨어서 하나님의 음성을 경청하고 청종하면 그 시대를 섬기는 인생이 됩니다. 축복의 통로가 되고 하나님의 사람으로 준비됩니다. 청년의 때에 창조주를 기억하십시오. 청년의 때에 형식적이고 무미건조한 신앙으로부터 도망치십시오. 살아계신 하나님의 음성을 듣고 순종하여 하나님의 일이 내 삶에서 경험되어지는 은혜를 축적해 가십시오.

✚ 그런 의미에서 날마다 우리는 스스로에게 물어야 합니다. "죽었니? 살았니?"

✚ 오늘 우리 시대의 고민은 영적으로 잠들거나 병들거나 죽어 있는 이들이 많아지고 있다는 것입니다. 영적인 생명력을 상실했기에 삶의 생명력도 사라졌다고 생각하는 것입니다. 우리 자신을 진단해 보길 바라는 마음이 간절합니다.

# 부자가 아닌
# 부요한 자로 살라

많은 곳에서는 청년들에게 성공을 이야기하고
성공하는 법을 가르칩니다.
그러나 세상이 말하는 성공자들은 소수에 불과합니다.
그럼 나머지 사람들은 어떻게 살아야 하는지
의문과 회의가 들곤 합니다.
그리스도인이 이 세상을 살아가는 법을
간단히 정리해 봅니다.

✚　요즘 성공 신화에 물든 현대인의 자화상은 부요하다고 하나 실상은 가난한 자가 아닌가 합니다. 우리의 현실은 척박하기만 합니다.

✚　꿈, 비전을 말하지만 그것들은 크고 거창하여 '가까이 하기엔 너무 먼 당신'인 경우가 허다합니다.

✚　그런데 많은 메시지는 넓은 문을 통해 성공의 문으로 들어가라고 합니다. 좁은 문과 넓은 문 사이에 선 숱한 그리스도인들이 여기에서 혼란스러워합니다. 일상과 일터에서 혼돈이 생기고, 신앙과 삶의 괴리감도 느낍니다.

✚　많은 교회들이 꿈을 말하면서 성공을 말하고, 비전을 말하면서 숫자 불리기의 노예가 된 것이 아닌지 안타깝습니다. 성경의 자리에 성공이 대신하고 있는 것은 아닌지 깊은 성찰이 필요합니다.

✚　냉정하게 생각해 보십시오. 청년과 성도들에게 꿈을 말하지만 실상은 어떠합니까? 내가 꿈꾸는 삶을 살아가기란 '하늘의 별따기' 수준입니다.

✚　내가 원하는 직장에 들어가서 세상이 말하는 성공을 하고 부자로 산다는 것은 심한 비유로 표현하면 "낙타가

바늘귀를 통과하기"에 가깝습니다.

✢ 현실은 대학을 나와도 내가 소원하는 직장에 들어가는 것이 어렵습니다. 꿈을 따라가지만 돈벌이가 되지 않기에 중도 탈락하기가 쉽습니다. 기도하면 된다고 해서 간절히 기도하지만 세상에서의 평가는 늘 우리의 뒷통수를 치는 느낌일 것입니다.

✢ 저는 여기에서 우리가 좀 더 정직해질 필요가 있다고 생각합니다. 성경은 우리에게 "성공해라. 출세해라. 부자로 살라"라고 말하지 않습니다. 그보다는 "좁은 문으로 들어가라"(마 7:13)라고 말합니다.

✢ 구원의 길, 생명의 길은 세상의 가치를 따라 사는 데 있지 않습니다. 그보다는 하나님 나라의 가치를 따라 살아갑니다. 그 가치를 위하여 대가 지불을 하기도 합니다. 기꺼이 희생을 하기도 합니다.

✢ 우리의 중심부에는 십자가 복음 이외에 어떤 불순물이 쌓이지 않아야 합니다. 불순물이 쌓이게 되면 예수님을 믿어도 예수님이 성공을 위한 도구로 전락하고 맙니다.

✢ 소원 성취의 방편이 되어 예수님이 나의 삶을 이끄시는 것이 아니라 내가 예수님을 조정하게 됩니다. 이런 모습이야말로 가장 비참하고 비극적인 신앙입니다.

✚ 만일 그렇다면 신앙의 기초로 돌아가야 합니다. 성경적인 고민이 필요합니다.

✚ 신앙의 기초 가운데 하나는 칭의와 성화입니다. 우리는 예수님을 믿음으로 구원 받는 믿음을 가지고 살아갑니다. 칭의의 은혜를 경험합니다. 그런데 문제는 대부분의 그리스도인들이 여기에 머물곤 한다는 것입니다.

✚ 한국교회에 필요한 것은 일상의 믿음입니다. 현실의 고통의 문제를 다루면서 고통을 넘어서서 장애물 경기를 즐기도록 이끄는 한 차원이 높은 일상의 믿음으로 올라가야 합니다. 이것이 성화의 은혜입니다.

✚ 성화는 예수님을 닮아가는 것입니다. 예수님의 성품을 닮아가며 예수님이 하셨던 일을 재현하는 것에서 자라가는 것입니다.

✚ 그러므로 건강한 신앙은 칭의에서 끝내지 않고 성화로까지 이어집니다. 이것을 깨닫는다면 우리의 기도 내용도 성공보다는 성화와 관련되어야 합니다. 성화를 위해 기도하는 사람들에게 세상이 말하는 실패란 없습니다. 모든 과정이 성화의 과정이기에 의미 없는 것이 하나도 없습니다.

✚ 예수님께서 "내가 온 것은 양으로 생명을 얻게 하고 더 풍성히 얻게 하려 함이라"(요 10:10)라고 하셨습니다. 여기에서 풍성한 삶이란 부자로 살라는 의미라기보다는 영적 부요함을 경험하며 살라는 의미입니다.

✚ 소유의 풍족함이라기보다는 영적인 깊이와 높이와 넓이를 누리면서 사는 삶을 의미합니다.

✚ 우리에게 주신 모든 것을 하나님 나라와 연결하는 삶이 영적인 부요한 삶임을 기억해야 합니다. 만일 우리에게 주신 시간, 물질, 은사를 하나님 나라와 연결시키지 않으면 그 모든 것은 무용지물이 됩니다.

"너희 재물은 썩었고 너희 옷은 좀먹었으며 너희 금과 은은 녹이 슬었으니 이 녹이 너희에게 증거가 되며 불 같이 너희 살을 먹으리라 너희가 말세에 재물을 쌓았도다"(약 5:2-3).

✚ "썩었다. 좀 먹었다. 녹이 슬었다"는 표현은 삼중적 강조입니다. 쓸모가 없이 버려지는 것입니다. 용도 폐기 되는 것입니다. 그러므로 두렵고 떨림으로 성화의 구원을 이루어 가야 합니다. 우리는 우리가 누구인지를 다시금 기억해야 합니다.

✚ 불의, 부정, 부패, 사치, 방종, 방탕한 삶으로 부자로 사는 삶을 부러워하지 마십시오. 그 모든 것은 반드시 하나님의 심판대 앞에서 다 드러날 것입니다.

✚ 그러므로 그리스도인이라면 하나님의 최종 평가를 두려워해야 합니다. 이 땅에서의 삶이 결코 전부가 아님을 기억하십시오. 영원성에 기초한 인생을 살아야 합니다.

"보라 너희 밭에서 추수한 품꾼에게 주지 아니한 삯이 소리 지르며 그 추수한 자의 우는 소리가 만군의 주의 귀에 들렸느니라"(약 5:4).

✚ 청년 정신을 가진 그리스도인들에게 고합니다.

"세상에서 말하는 부자가 아닌 성경에서 말하는 부요한 자로 사십시오."

# 하나님이
# 원하시는 것은
# 성공이 아니라
# 믿음이다

세속적 세상 속에서 그리스도인으로 산다는 것은
그리 단순하지 않습니다.
침묵한다는 것은 편한 길을 선택하는 것입니다.
대항한다는 것은 힘든 길입니다.
대부분은 그 갈림길 사이에서 서성이곤 합니다.
믿음이 좋다고 하는 그리스도인들일수록
이러한 문제 앞에서 어찌할 바를 몰라 힘들어 하곤 합니다.
그래서 이러한 문제를 이삭이 판 우물, 에섹과 싯나를 통해
묵상해 보고자 합니다.

✚ 우리는 직장 생활 속에서 여러 어려움을 경험합니다. 그리스도인들이 힘들어 하는 것은 직장 내의 비리(부정, 불의, 불법), 접대 문화, 대인 관계 등이 있습니다. 이것들은 직장에서 마주하는 블레셋들입니다. 이러한 문제를 대하는 유형에는 여러 가지가 있을 것입니다. 소극적으로는 침묵하고, 적극적으로는 확 질러 버리고 해고당하기도 합니다.

✚ 이삭은 직장과 직업과 관련된 우물 문제 앞에서 침묵하지 않습니다. 적극적으로 블레셋과 싸우지도 않습니다. 그렇다고 우유부단한 것도 아닙니다. 절묘한 균형 잡기를 합니다.

✚ 이삭이 우물을 파면서 일어난 일은 주변의 관련자들이 환영하고 축복하는 반응이 아니었습니다. 블레셋이 계속해서 시비를 멈추지 않았습니다. 때로는 은밀하게 때로는 공격적으로 싸움을 걸어왔습니다. 자신들의 기득권을 주장하며 괴롭힌 것입니다. 우리 인생도 마찬가지입니다. 우릴 괴롭게 하는 적은 항상 있기 마련입니다.

✚ 우리는 내부의 적인 내 안의 죄악, 게으름, 안일함, 불성실함, 정직하지 못함을 주의해야 합니다. 동시에 외부의 적인 세속적 비리, 접대 문화, 대인 관계에도 그리

스도인으로서 승리하는 법을 배워야 합니다. 어떻게 그것이 가능할까요?

✚ 이삭은 외부의 적인 블레셋의 공격에 대해서 자신의 실력으로 진검 승부를 펼칩니다.

✚ 사실 광야에서 우물을 찾아내고 파기란 쉽지 않습니다. 그러나 이삭은 그 분야에 장인이라고 할 정도로 탁월했습니다. 우물을 파는 것이 쉬운 일이라면 블레셋과의 갈등도 없었을 것입니다. 그러나 광야에서 우물을 파기란 결코 쉬운 일이 아니었습니다(우물을 현대적으로 표현한다면 영업 실적, 승진, 전공 분야, 직업의 영역, 프로젝트, 생존의 문제 등일 것입니다).

✚ 이삭은 갈등 상황에서 모든 것을 포기하지 않았습니다. 살아남기 위한 수단이니 우물만큼은 포기할 수 없었습니다. 먹고는 살아야 했기 때문입니다. 광야에서 우물은 선택 사항이 아니라 필수 사항인 것이었습니다.

✚ 이삭은 아브라함이 팠던 우물을 다시 팠습니다. 아브라함 때 팠던 우물을 다시 파는 것은 자신에게 주어진 모든 장점을 충분히 살린 것입니다. 이미 있었던 좋은 우물을 다시 파는 것은 기존의 좋은 전통을 되살린 것입니다. 우리도 우리의 장점을 살려서 일해야 합니다. 우리가 잘할 수 있는 것에 집중해야 합니다. 그것이 실력입니다.

✚ 블레셋과의 긴장과 갈등은 계속되었습니다. 그때마다 이삭은 새로운 우물을 팠습니다. 그는 과거에 안주하지 않았습니다. 새로운 영역을 만들어

간 것입니다. 오늘날 벤처 정신을 가지고 도전한 것입니다. 우물을 다시 판다는 것은 새로운 영역에 도전하는 스타트업이라고도 할 수 있을 것입니다. 새로운 우물은 새로운 먹거리와 일거리의 창출이기 때문입니다.

✚ 그런데도 블레셋의 집요한 비난과 비판과 공격이 이어졌습니다. "이 물은 우리의 것이라"(창 26:20) 그야말로 억지입니다.

✚ 기득권을 가진 블레셋은 교묘하게 억압하고 착취합니다. 에섹이란 우물 이름은 '억압하다, 강탈하다'에서 파생된 말로 '다툼'이란 뜻입니다. 단순한 다툼이 아니라 억울하게 강탈당하는 것을 의미합니다. 이삭이 블레셋에게 당한 일이 억울하고 너무 고통스러워서 그 이름을 붙였던 것입니다.

✚ 직장 생활은 생존의 전쟁터와도 같습니다. 온갖 종류의 사람들이 있고 그리스도인이라고 해도 다 좋은 사람이 아니라 무늬만 있는 경우도 허다합니다. 생존의 정글에서 우리는 불의와 불법에 노출되어 있고 어떤 경우에는 강요당하기까지 합니다. 그런 까닭에 억울하고 어디에다가 하소연하기조차 힘든 경우도 많습니다.

✚ 이삭은 그때 새로운 우물을 팠습니다. 똑같이 부정적이고 악의적인 방법으로 대하지 않고 하나님을 믿고 신뢰함으로 계속 실력으로 승부한 것입니다. 실력으로 승부한다는 것은 쉬운 일이 아닙니다. 인간이란 틈만 생기면 안주하려고 하기 때문입니다. 그런데 이삭은 편한 것을 찾기보다 기꺼이 자신이 수고함으로 새로운 지경을 찾아 넓히고자 했습니다.

"또 다른 우물을 팠더니 그들이 또 다투므로 그 이름을 싯나라 하였으며"(창 26:21).

✢ 양보할 만큼 양보했습니다. 손해를 볼 만큼 손해 보았습니다. 그런데도 기득권을 가진 블레셋은 계속해서 괴롭힙니다.

✢ 싯나라는 우물은 어원상 '원수, 대적'이란 뜻을 가진 사탄에서 유래 했습니다. 악의 특징은 만족이 없는 것입니다. 악의 특징은 계속해서 비난하고 비판하고 정죄하는 것입니다. 블레셋은 처음보다 더 악의적이고 의도적인 공격을 했습니다.

✢ 이것이 세상입니다. 블레셋은 조금이라도 틈만 생기면 물어뜯으려고 호시탐탐 기회를 노립니다. 그러면 어떻게 해야 합니까?

✢ 이삭은 침묵하거나 악의적으로 맞서 싸우기보다는 계속해서 자신의 은사를 가지고 새로운 우물을 팝니다. 이삭은 크고 작은 도전과 장애물을 만났지만 포기하지 않습니다. 계속 새로운 우물을 팝니다. 그 과정에서 실력이 일취월장하게 됩니다. 이것이 하나님의 은혜입니다.

✢ 어려움이 있습니까? 내부적으로는 포기하지 말고 하나님 앞에 부끄러움이 없는 모습으로 서기 위한 신실함의 씨름을 하십시오. 성품이 하늘에 속한 사람으로 점점 빚어질 것입니다. 외부적으로는 실력을 키워서 자신이 맡은 영역에서 최선을 다하십시오. 때가 되면 새로운 길이 열릴 것입니다.

✚ 일터에서 하나님을 성공을 위한 도구로 사용하려고 하지 마십시오. 하나님은 그렇게 이용할 수 있는 그런 분이 아닙니다. 하나님은 믿음의 대상입니다. 그 하나님을 향한 신뢰의 토대 위에 인생을 건축하십시오. 하나님이 주인 되신 삶에는 실패란 없습니다. 다만 하나님의 인도하심과 지시하심을 따라가기만 하면 되기 때문입니다.

✚ 세속적 세상에서 생존을 넘어서 살아가는 유일한 출구는 하나님을 추구하는 것입니다. 하나님을 추구하는 것이 진짜 비전인 사람의 인생은 모든 것이 합력하여 선을 이룬다는 것을 확신하십시오.

> "우리가 알거니와 하나님을 사랑하는 자 곧 그의 뜻대로 부르심을 입은 자들에게는 모든 것이 합력하여 선을 이루느니라"(롬 8:28).

✚ 에섹과 싯나를 만난다고 결코 좌절하거나 낙심하지 마십시오. 하나님 앞에서 믿음으로 정면 돌파하십시오.

> "그러나 이 모든 일에 우리를 사랑하시는 이로 말미암아 우리가 넉넉히 이기느니라"(롬 8:37).

✚ 이것이 세속적 세상에서 살아가는 그리스도인의 궁극적인 확신입니다. 이 믿음에서 뒤로 물러서지 마십시오. 하나님이 원하시는 것은 당신의 성공이 아니라 당신의 믿음입니다.

# 당신은
# 직장 속에서
# 누구입니까?

직장 속에서 그리스도인임을
숨기고 사는 이들을 많이 봅니다.
간첩형입니다.
그리스도인임을 드러내면서도
안하무인으로 모든 것이
자기중심적인 사람들이 있습니다.
깡패형입니다.
교회에서의 모습과 직장에서의 모습이
달라도 너무 다른 모습에 실망하여
사람들이 그 사람을 보면서
저런 사람이 다니는 교회는 가지 않겠다고 합니다.
교회와 직장, 어떻게 조화를 이룰 수 있을까요?
직장 속의 그리스도인은 어떠해야 할까요?

✚ 자신을 기독교인이라고 하면서 일터에서 많은 이들의 손가락질을 받는 경우가 있습니다. 자기 자신만 챙기고 교회 일을 핑계로 희생하고 헌신해야 하는 일에서는 다 빠져나가는 경우입니다. 도덕적으로 문제가 있는 경우입니다. 좋은 것만 빨아먹는 거머리형입니다.

✚ 어떤 이는 자칭, 타칭 4차원입니다. 그래서 외계에서 온 것처럼 동료들과 어울리지 못하고 늘 외톨이로 지내기도 합니다. 자신이 하는 일에 숙련되지 못하고 맡겨진 일을 탁월하게 처리하지 못하는 경우입니다. 회사에서 동료들과의 관계가 친밀하지 못한 경우입니다. 군대 용어로는 이런 경우를 '고문관'이라고 합니다

✚ 제3의 유형도 있습니다. 어떤 그리스도인은 자신을 그리스도인으로 밝히고 술, 담배를 피하고 주일 성수를 최선을 다해 하면서도 자신에게 맡겨진 일을 기대치 이상으로 처리합니다. 직장 내에서 어려운 이들을 돕고 자신의 일뿐 아니라 다른 사람들의 일도 최선을 다해 돕습니다. 성육신형입니다.

✚ 우리가 자주 보는 유형은 첫 번째나 두 번째 유형입니다. 제3의 유형은 보기 드문 경우입니다. 그러나 제3의 유형의 그리스도인들이 점점 많아져 간다고 생각됩니다.

✚ 그렇다면 직장 속의 그리스도인으로서 우리는 어떠합니까? 일터에서 우리의 태도는 세 가지로 분류됩니다.

✚ 첫째 부류는 혼합형입니다. 세상과 구별됨이 전혀 없는 경우입니다. 술, 담배, 단란 주점, 가서는 안 되는 접대의 자리까지 꼼꼼하게 챙기는 유형입니다. 아부와 아첨을 빼면 시체일 정도로 권력에 기생합니다. 그래서 주변 인들에게 그 사람이 기독교인이라고 하면 "설마 저 사람도 교회를…?" 이런 반응이 나옵니다.

✚ 둘째 부류는 분리형입니다. 술, 담배는 기본으로 안 합니다. 가서는 안 될 자리도 가지 않습니다. 심지어는 회식 자리도 참석하지 않습니다. 회사의 일은 하지만 동료와의 관계성은 제로에 가깝습니다. 늘 혼자 움직이는 외톨이 형입니다. 오직 삶의 유일한 기쁨은 교회에서 느낀다고 표현할 정도로 회사에서 자기 업무 외에는 어떤 것에도 깊은 친밀함이 없습니다.

✚ 셋째 부류는 변혁형입니다. 이들은 대가 지불이 큽니다. 술, 담배, 접대를 회피하기에 처음에는 손해를 보기도 합니다. 그런데 지켜보면 이들은 뭔가 다릅니다. 틈나는 대로 손해 보고 희생하면서 이기적인 길보다 이타적인 길을 갑니다.

✚ 교회 일을 핑계로 빠지기보다는 자신이 일상에서 도울 수 있는 일들은 최선을 다해 돕습니다. 그들의 경우, 주변에서 교회 일을 할 수 있도록 배려해 줍니다. 그들은 주께 하듯 일하기에 자신의 최선으로 일 처리를 합니다.

자신의 영역에서 전문성을 키워 갑니다. 정직하고 투명하며 신뢰가 갑니다. 결정적인 순간에 회사에 이익이 되기에 실력으로 살아남는 유형입니다.

✚ 우리는 흔히 기독교인이기 때문에 손해 본다는 생각을 많이 합니다. 그러나 실상은 기독교인이기에 더 유익한 경우가 많다는 것을 인식할 필요가 있습니다. 혼합형이라면 특별한 차이가 없을 것입니다. 분리형이라면 회사에서 승진에서 누락되기 쉽습니다. 정리 해고의 대상이 될 수도 있습니다.

✚ 그런데 변혁형이라면 회사는 그의 가치를 쉽게 포기할 수 없을 것입니다. 회사는 이익집단입니다. 큰 이익이 된다면 기독교인이라도 차별하지 않고 붙들 것입니다.

✚ 만일 우리 자신이 그리스도인으로 세상 사람과 구별됨이 전혀 없다고 한다면 그것은 수치스러운 일입니다. 심히 부끄러워해야 합니다. 신앙 성숙의 수준에 따라서 자신의 삶에 구별됨이 자리하도록 해야 할 것입니다. 세상과 다른 방식으로 상급자와 동료와 하급자를 대해야 할 것입니다. 특히 하급자들에게 인격적으로 대하는 훈련을 해야 합니다.

✚ 분리형의 입장에서 머물러 있는 경우에는 부지런하여 열심을 품고 주를 섬기듯이 동일한 마음으로 회사 일을 해야 합니다. 특히 주일 성수나 중요한 교회 일정을 소화하기 위하여 일터에서 더욱 헌신적이고 탁월하게 일처리를 하는 습관을 키워 가야 합니다.

✚ 그리스도인이 회사에서 계속해서 도움이 되지 않고 자기 이익만 챙긴다면 심각하게 점검을 해 보아야 합니다. 회사는 사회복지센터가 아닙니다. 우리는 회사에 기여를 해야 하고 우리를 통해서 좋은 성과가 있도록 최선을 다해야 합니다. 그리스도인은 회사 내에서 축복의 통로가 되어야 합니다. 골치 덩어리가 되어서는 곤란합니다.

✚ 그리스도인이라면 변혁을 꿈꾸십시오. 변혁은 나로부터 시작되어야 합니다. 모델이 없다면 내가 모델이 되려고 해야 합니다. 직장 속 그리스도인의 모델이 빈약한 것을 인식한다면 내가 그 위치에, 그 직책에 있게 될 때를 기다리지 말고 지금 여기에서 내가 할 수 있는 일들을 하나씩 실천해 보아야 합니다.

✚ 누구든지 직책과 직급에 따라서 영향력의 한계가 있는 것은 사실입니다. 권한이 제한되어 있습니다. 그러나 섬김과 사랑의 실천에는 한계가 없습니다. 그리스도인들이 각자의 자리에서 주께 하듯 일을 한다면 오래 지나지 않아서 선한 영향력이 생길 것입니다.

✚ 믿음, 소망, 사랑이 메마른 시대에 여름철 시원한 얼음냉수 같은 사람이 있다면 그 사람이 어디에서 무엇을 하든지 함께 일하는 사람들에게 활력소가 될 것입니다.

✚ 크고 거창한 모델만 생각하지 마십시오. 저는 나아만 장군의 집에서 일했던 포로 신분의 여종을 생각하면 하나님의 사람들이 어떠해야 하는지를

깊이 생각하게 됩니다. 여종은 높은 지위나 직책에 있었던 것이 아닙니다. 게다가 포로입니다. 보호자도 없습니다.

✚ 여종의 일터는 식민지 국가의 최고의 군사 지도자였습니다. 그러나 어린 여종은 하나님을 경외함으로 주께 하듯 일하였다고 보여 집니다. 그래서 자신의 자리에서 최선을 다함으로 인정받고 신뢰를 받았다고 생각됩니다.

> "그의 여주인에게 이르되 우리 주인이 사마리아에 계신 선지자 앞에 계셨으면 좋겠나이다 그가 그 나병을 고치리이다 하는지라"(왕하 5:3).

✚ 어린 여종이 나아만 장군의 부인에게 하나님의 종을 소개했을 때 여주인이 여종의 말에 귀를 기울였습니다. 그리고 나아만에게 말을 합니다. 나아만도 신뢰하였기에 왕에게 말을 합니다. 여종이 그만큼 신뢰를 주었다는 증거입니다.

✚ 저는 엘리사도 위대한 하나님의 사람이지만 나아만의 여종도 참 좋은 하나님의 사람이라고 생각합니다. 이름도 알려지지 않은 이 여종은 혼합이나 분리의 길이 아닌 제3의 길인 변혁의 길을 간 것입니다. 그 결과 하나님의 일이 그 여종으로부터 시작됩니다.

✚ 교회에서는 100점, 직장에서는 0점은 진짜 그리스도인이라면 불가능한 일입니다. 먼저 진정한 하나님의 사람이 되십시오. 그러면 교회에서나 직장에서나 동일하게 꼭 필요한 소중한 사람이 될 것입니다.

에필로그

# 이 시대 모든 청년들에게
## "너는 결코 루저가 아니란다"

청년들은 세상의 비교 속에서 자존감이 낮아지고 자화상이 구겨져 버렸습니다.
우리 시대를 살아가는 청년들에게 하나님의 관점이 필요합니다.
자신을 하나님의 시선으로 바로 보아야만 진정한 자유가 있습니다.
오늘 루저라고 느끼는 청년들을 향한 하늘의 소리입니다.

너는 루저가 아니란다.
아르바이트로 힘겨운 삶을 살아가고,
사장님의 눈치를 보면서 미래를 생각하고 불안해 하면서
하루살이 인생을 살아가는 너는 루저가 아니란다.

손님들의 막말을 참아 내고 견디며
그들의 겉과 속에서 나오는 온갖 추악한 배설물을 치우는
너는 루저가 아니란다.

최소한도의 시간 급여를 받으면서 손님들에게 무시당하고
너를 막 대하는 진상들 앞에서도
그저 웃음을 보여야 하는 너는 루저가 아니란다.

아르바이트가 피곤하여 강의를 듣다가 졸고
강의가 끝나기 무섭게 아르바이트 장소로 뛰어가야 하는,
패스트푸드와 같은 인생을 살아가고 있다고 순간순간 느껴야만 하는
너는 루저가 아니란다.

그렇게 일한 돈으로 학비를 보태고,
그렇게 일한 돈으로 통닭 한 마리 사 들고 들어가서
가족들과 나누어 먹는 너는 루저가 아니란다.

아르바이트를 하면서 보내는 시간들을 주님과 동행하렴.
그리고 네가 누군지 꼭 기억하렴.

"너희는 택하신 족속이요 왕 같은 제사장들이요 거룩한 나라요 그의 소유가 된 백성이니 이는 너희를 어두운 데서 불러내어 그의 기이한 빛에 들어가게 하신 이의 아름다운 덕을 선포하게 하려 하심이라"(벧전 2:9).

너는 루저가 아니란다.
힘들게 공부하여 대학에 입학하고
낭만을 잊은 모습으로 취업 학원처럼 대학을 다니며
청춘을 저당 잡히고 살아가는 너는 루저가 아니란다.

스펙을 쌓고 쌓아도
부모님들이 마련해 준 고속도로를 질주하는 친구들과 달리
취업 경쟁에서 밀리는 꽉 막힌 도로를
인내하며 달려야 하는 너는 루저가 아니란다.

쪽방에서 때때로 쪽잠을 자야하고,
곰팡이가 핀 지하방에서 그 눅눅함에 힘겨워 하며 살아가는
너는 루저가 아니란다.

고양이 떼들과 싸워야 하고 파리 떼들과 싸워야 하며
여름에는 찜통 같고 겨울엔 냉장고 같은 옥탑방에서
버거운 생존의 문제로 고민하는 너는 루저가 아니란다.

대학을 졸업해도 달라진 것은 없고
정규직은 낙타가 바늘귀를 통과하는 것 같은 상황 속에서
수십 통, 아니 수백 통의 취업 원서를 넣고

그곳에 붙여 넣은 사진 값이 아까워서
힘겨워 하는 너는 루저가 아니란다.

많은 기회가 사라져 가고
그나마 공정한 룰이 적용되는 공무원 시험에 매달리고
교사가 되려고 몇 번이나 시험을 보아야 하는,
오랜 고시촌의 좁디좁은 곳에서
버티는 너는 루저가 아니란다.

밀리고 밀려서 비정규직의 직장을 다닌다고
결코 비참하게 생각하지 마라.
너는 루저가 아니란다.

좋은 대학을 나와도 혈연, 지연, 학연에서 밀리고
결국은 눈물을 머금고 남들이 알아주지 않는 직장을 다닌다고
서글퍼 하지 마라.
우등생이었던 너를 자랑스러워하였던 부모님에게
너무 미안해 하지도 마라.
그저 살아 주는 것만으로도 너희는 아름다운 존재다.
그래도 포기하지 않고 끊임없이 도전하며 살아가는
너의 존재 자체만으로도 고마운 것이란다.

너의 연봉보다 더 중요한 것은
너의 사람됨이라는 것을 늘 기억하렴.
네가 남들보다 빠르고 높게 사는 것보다

더 행복하게 하는 것은
바른 모습으로 함께 살아가는 삶이란다.
세상살이가 고단하고 마음이 힘들 때마다
네가 누구인지를 생각하렴.

"너희는 택하신 족속이요 왕 같은 제사장들이요 거룩한 나라요 그의 소유가 된 백성이니 이는 너희를 어두운 데서 불러내어 그의 기이한 빛에 들어가게 하신 이의 아름다운 덕을 선포하게 하려 하심이라"(벧전 2:9).

너는 루저가 아니란다.
연애도 결혼도 포기하고 산다고 너무 기죽지 마라.
너는 루저가 아니란다.

이 땅에 부모님의 도움을 받지 않고 결혼하는 청춘이
얼마나 있을지 생각해 보렴.
자식들 신혼 집을 마련하느라 계속해서 쪼그라드는 부모님들이나
그나마도 아무것도 물려줄 것이 없어 미안해 하고 아파하는 부모님들이
이 땅에 수없이 많단다.

가진 거 없는 게 죄인이라고 결혼 좀 하라고 발소차노 못하는
죄인 아닌 죄인으로 살아가는
부모님의 한숨 소리를 들어야 하는
너는 루저가 아니란다.

군대 다녀와서 졸업하니 어느새 나이는 31살.

그런데 취업 준비니, 고시 준비니, 보낸 시간들까지
어림잡으면 33-35살이더구나.

그렇지만 그런 힘들고 고통스러운 너희들을
3포세대니, 5포세대니,
이제는 꿈과 희망조차도 포기하는 7포세대니
하는 언론의 언어유희에 세뇌되지 않도록 깨어 있어야 한다.
연애 포기, 결혼 포기, 집 포기, 정규직 직장 포기, 관계 포기…
그렇게 된 것은 결코 너희들 잘못만은 아니란다.
그러니 너 스스로 루저라고 생각하지 마라.

연애도 결혼도 구조적 모순 속에 갇혀서
쨍하고 빛이 들어오는 날이 없으니 그저 답답하고
시계 초침이 멈추지 않고 쉬지 않고 돌아가는 째깍째깍 소리에
내 미래는 어디로 가는가 하는
두려움과 불안에 시달리는 너는 루저가 아니란다.

그때마다 다시금 네가 누구인지를 기억하렴.

"너희는 택하신 족속이요 왕 같은 제사장들이요 거룩한 나라요 그의 소유가 된 백성이니 이는 너희를 어두운 데서 불러내어 그의 기이한 빛에 들어가게 하신 이의 아름다운 덕을 선포하게 하려 하심이라"(벧전 2:9).

사랑하는 아들딸아 너는 결코 루저가 아니란다.
너희를 들여다볼 때마다 미안하고 부끄럽고 수치스러운

오늘 우리 시대의 자화상을 본다.
세상에 진입하려고 해도 진입 장벽이 높고
그렇게 진입한들 또 다른 바리케이드 되어 버린
기득권층과 기성세대를 보면서
한없이 미안한 오늘 우리 시대를 본다.
그러나 기억하렴.
청년이란 시대의 불의에 저항하는 프로테스탄트이고,
온갖 불의한 장벽에 저항하는 프로테스탄트이고,
모든 악조건에도 불구하고 포기하지 않는 열정으로
장애물을 뛰어넘어서 미래를 열어가는
그 시대의 전사들이란다.

더구나 기독 청년이라면
하나님께서 택하신 족속이요, 왕 같은 제사장들이요, 거룩한 나라요,
그의 소유임을 잊지 마라.
비록 이 땅에서 잠시 비루하게 보이는 삶을 살지라도
조금도 기죽지 마라.
너는 왕의 자녀임을 잊지 마라.

부디 낭랑하게 살아라.
부디 포기하지 말고 절망하지 말고
시대의 어둠을 밝히는 빛이 되어
네 작은 빛으로 주변을 밝히는 그런 인생이 되어라.
기억하렴.
하나님은 우리를 외면하지 않으신단다.

하나님은 우리의 고통 속에서 함께 하고 있음을
늘 잊지 말고 용기를 내렴.

"너희는 택하신 족속이요 왕 같은 제사장들이요 거룩한 나라요 그의 소유가 된 백성이니 이는 너희를 어두운 데서 불러내어 그의 기이한 빛에 들어가게 하신 이의 아름다운 덕을 선포하게 하려 하심이라"(벧전 2:9).

memo

memo

memo

memo

## 사명선언문

너희가 흠이 없고 순전하여……세상에서 그들 가운데 빛들로
나타내며 생명의 말씀을 밝혀 _ 빌 2:15-16

### 1. 생명을 담겠습니다
만드는 책에 주님 주신 생명을 담겠습니다.
그 책으로 복음을 선포하겠습니다.

### 2. 말씀을 밝히겠습니다
생명의 근본은 말씀입니다.
말씀을 밝혀 성도와 교회의 성장을 돕겠습니다.

### 3. 빛이 되겠습니다
시대와 영혼의 어두움을 밝혀 주님 앞으로 이끄는
빛이 되는 책을 만들겠습니다.

### 4. 순전히 행하겠습니다
책을 만들고 전하는 일과 경영하는 일에 부끄러움이 없는
정직함으로 행하겠습니다.

### 5. 끝까지 전파하겠습니다
모든 사람에게, 땅 끝까지, 주님 오시는 그날까지
복음을 전하는 사명을 다하겠습니다.

## 서점 안내

**광화문점**  서울시 종로구 새문안로 69 구세군회관 1층
02)737-2288 / 02)737-4623(F)

**강남점**  서울시 서초구 신반포로 177 반포쇼핑타운 3동 2층
02)595-1211 / 02)595-3549(F)

**구로점**  서울시 동작구 시흥대로 602, 3층 302호
02)858-8744 / 02)838-0653(F)

**노원점**  서울시 노원구 동일로 1366 삼봉빌딩 지하 1층
02)938-7979 / 02)3391-6169(F)

**일산점**  경기도 고양시 일산서구 중앙로 1391 레이크타운 지하 1층
031)916-8787 / 031)916-8788(F)

**의정부점**  경기도 의정부시 청사로47번길 12 성산타워 3층
031)845-0600 / 031)852-6930(F)

**인터넷서점**  www.lifebook.co.kr